Kriya Yoga y Turiya

Una guía completa sobre el despertar de la Kundalini, asanas de yoga, mudras, meditación, pranayama, filosofía hindú, Shiva y Shakti

© Copyright 2024

Todos los derechos reservados. Ninguna parte de este libro puede ser reproducida de ninguna forma sin el permiso escrito del autor. Los revisores pueden citar breves pasajes en las reseñas.

Descargo de responsabilidad: Ninguna parte de esta publicación puede ser reproducida o transmitida de ninguna forma o por ningún medio, mecánico o electrónico, incluyendo fotocopias o grabaciones, o por ningún sistema de almacenamiento y recuperación de información, o transmitida por correo electrónico sin permiso escrito del editor.

Si bien se ha hecho todo lo posible por verificar la información proporcionada en esta publicación, ni el autor ni el editor asumen responsabilidad alguna por los errores, omisiones o interpretaciones contrarias al tema aquí tratado.

Este libro es solo para fines de entretenimiento. Las opiniones expresadas son únicamente las del autor y no deben tomarse como instrucciones u órdenes de expertos. El lector es responsable de sus propias acciones.

La adhesión a todas las leyes y regulaciones aplicables, incluyendo las leyes internacionales, federales, estatales y locales que rigen la concesión de licencias profesionales, las prácticas comerciales, la publicidad y todos los demás aspectos de la realización de negocios en los EE. UU., Canadá, Reino Unido o cualquier otra jurisdicción es responsabilidad exclusiva del comprador o del lector.

Ni el autor ni el editor asumen responsabilidad alguna en nombre del comprador o lector de estos materiales. Cualquier desaire percibido de cualquier individuo u organización es puramente involuntario.

Su regalo gratuito

¡Gracias por descargar este libro! Si desea aprender más acerca de varios temas de espiritualidad, entonces únase a la comunidad de Mari Silva y obtenga el MP3 de meditación guiada para despertar su tercer ojo. Este MP3 de meditación guiada está diseñado para abrir y fortalecer el tercer ojo para que pueda experimentar un estado superior de conciencia.

https://livetolearn.lpages.co/mari-silva-third-eye-meditation-mp3-spanish/

¡O escanee el código QR!

Índice

PRIMERA PARTE: KRIYA YOGA PARA PRINCIPIANTES 1
   INTRODUCCIÓN 2
   CAPÍTULO 1: FUNDAMENTOS DEL KRIYA YOGA 4
   CAPÍTULO 2: SU CUERPO SUTIL Y LOS CHAKRAS 15
   CAPÍTULO 3: DEL SAMADHI AL DESPERTAR DE LA KUNDALINI ... 29
   CAPÍTULO 4: PREPARARSE PARA EL CAMINO DEL KRIYA 39
   CAPÍTULO 5: PRANAYAMA: EL ARTE DE RESPIRAR 49
   CAPÍTULO 6: MUDRAS Y MANTRAS 60
   CAPÍTULO 7: TÉCNICAS DE MEDITACIÓN KRIYA 70
   CAPÍTULO 8: ASANAS: POSTURAS KRIYA QUE DEBE DOMINAR ... 80
   CAPÍTULO 9: SECUENCIAS DE KRIYA YOGA: PONIÉNDOLO TODO JUNTO 92
   CAPÍTULO 10: SU PRÁCTICA DIARIA DE KRIYA 105
   CONCLUSIÓN 112

SEGUNDA PARTE: TURIYA 114
   INTRODUCCIÓN 115
   CAPÍTULO 1: ¿QUÉ ES TURIYA, O CONCIENCIA PURA? 117
   CAPÍTULO 2: FUNDAMENTOS DE LA FILOSOFÍA HINDÚ 129
   CAPÍTULO 3: *SHAKTI Y SHIVA*, UNIÓN DIVINA 139
   CAPÍTULO 4: *SAMADHI*: EL PROPÓSITO DE LA MEDITACIÓN Y EL YOGA 150
   CAPÍTULO 5: POSTURAS DE YOGA QUE ALLANAN EL CAMINO HACIA TURIYA 161

CAPÍTULO 6: USAR *PRANAYAMA* PARA INDUCIR TURIYA 180
CAPÍTULO 7: TÉCNICAS DE MEDITACIÓN PARA INICIAR AHORA 191
CAPÍTULO 8: MANTRAS Y MUDRAS ÚTILES 200
CAPÍTULO 9: SECUENCIAS DE YOGA PARA ALCANZAR TURIYA 209
CAPÍTULO 10: PASOS DIARIOS HACIA TURIYA 218
CONCLUSIÓN 224
VEA MÁS LIBROS ESCRITOS POR MARI SILVA 226
SU REGALO GRATUITO 227
REFERENCIAS 228
FUENTES DE IMÁGENES 235

Primera Parte: Kriya Yoga para principiantes

La guía definitiva de las asanas de yoga, los mudras, la meditación, el pranayama, el despertar de la kundalini y el samadhi

Introducción

¿Alguna vez ha deseado experimentar una verdadera paz interior? ¿Sentir una sensación de unidad con el Universo? El Kriya Yoga es una práctica ancestral que puede ayudarle a alcanzar estos objetivos y mucho más.

El Kriya Yoga es un estilo único de yoga que ha sido practicado durante siglos por yoguis y buscadores espirituales. Este poderoso sistema de técnicas le ayuda a aquietar su mente, purificar su cuerpo y expandir su conciencia. Su objetivo es ayudarle a comprenderse profundamente y a conectar con lo divino que hay en usted. El grado de paz y quietud que puede alcanzarse a través del Kriya Yoga no se parece a nada.

En el hinduismo, el término "kriya" significa "acción", "esfuerzo" o "servicio". Así, Kriya Yoga puede traducirse como el "yoga de la acción" o el "yoga del esfuerzo". Este nombre es apropiado porque el Kriya Yoga es una práctica que requiere esfuerzo y dedicación. En esencia, el Kriya Yoga se basa en técnicas de respiración que guían su respiración hacia arriba y hacia abajo a través de diferentes regiones de su cuerpo. Estas técnicas fortalecen sus pulmones, aumentan el suministro de oxígeno, eliminan las toxinas de la sangre y construyen de forma natural una mayor salud y vitalidad en todos los aspectos de su ser.

Además, el Kriya Yoga incluye varias posturas que alinean el cuerpo físico con la respiración para fomentar un buen flujo de energía por todo su cuerpo. Las prácticas de meditación, como la repetición de mantras y el testimonio silencioso, le animan a acallar sus pensamientos para encontrar mejor la paz interior y una verdadera conexión con la chispa divina que lleva dentro. El objetivo del Kriya Yoga no es simplemente lograr la salud física o la paz mental, sino alcanzar un estado de despertar espiritual y autorrealización.

En esta completa guía encontrará toda la información que necesita para iniciarse en el Kriya Yoga. Comenzaremos explorando los fundamentos de esta práctica ancestral y hablando de sus objetivos. Desde su historia y orígenes hasta las diferentes técnicas que componen este sistema, obtendrá una comprensión profunda del Kriya Yoga. Posteriormente, pasaremos a técnicas más específicas, incluyendo instrucciones para diferentes ejercicios de respiración, posturas y prácticas de meditación.

También, pasaremos a preparar su cuerpo y su mente para una práctica diaria de Kriya Yoga. Esto implicará discutir la importancia de establecer una intención, encontrar un lugar cómodo para practicar y reservar tiempo para su práctica cada día. También exploraremos los diferentes beneficios que puede experimentar de una sesión de Kriya Yoga. Al final de este libro, tendrá todo lo que necesita para incorporar el Kriya Yoga a su vida diaria y comenzar su viaje de autodescubrimiento y paz interior.

La mayoría de las personas que se inician en el yoga descubren que necesitan orientación durante el comienzo. Por eso hemos elaborado esta guía completa sobre el Kriya Yoga. Los beneficios de esta práctica son enormes y esperamos que este libro le ayude a experimentarlos por sí mismo. Así que, si está buscando una forma poderosa de aquietar su mente, purificar su cuerpo y conectar con algo más espléndido, el Kriya Yoga puede ser justo lo que necesita. Con una práctica regular, esta antigua práctica puede transformar verdaderamente su vida y ayudarle a alcanzar estados de conciencia más profundos donde le esperan la curación, la sabiduría, el amor y la verdadera felicidad.

Capítulo 1: Fundamentos del Kriya Yoga

El Kriya Yoga es un tipo de Yoga que se practica en la India desde hace siglos. Esta forma de Yoga se considera uno de los tipos "activos", ya que hace hincapié en los movimientos físicos y las posturas. Sin embargo, lo que realmente diferencia al Kriya Yoga de otros tipos de Yoga es su enfoque en el desarrollo espiritual. Muchas personas utilizan el kriya como herramienta para acelerar su progreso espiritual y alcanzar más rápidamente niveles superiores de conciencia.

El Kriya Yoga se practica en la India desde hace siglos[1]

Este capítulo explorará la historia del Kriya Yoga, lo que lo diferencia de otros tipos y los muchos beneficios que puede ofrecer, tanto espiritual como físicamente. También examinaremos más de cerca las cinco ramas principales del Kriya Yoga. Tanto si es usted un yogui experimentado como alguien que explora la práctica por primera vez, el Kriya Yoga puede ayudarle a profundizar en su conexión consigo mismo y a progresar significativamente en su viaje hacia la iluminación.

Una herramienta para los buscadores espirituales

El Kriya Yoga es un poderoso sistema de meditación utilizado por los buscadores espirituales durante siglos. Esta antigua práctica aprovecha el poder de la respiración y la concentración para crear un profundo estado de quietud interior. Para los que se inician en el Kriya Yoga, la clave está en comenzar con ejercicios sencillos de respiración que se van desarrollando gradualmente hasta llegar a las técnicas más avanzadas. Estos ejercicios pueden realizarse individualmente o en grupo y requieren una concentración y un compromiso totales para ser realmente eficaces. Aunque puede llevar tiempo y esfuerzo dominarla, esta disciplina proporciona en última instancia un marco poderoso para lograr el crecimiento espiritual y la liberación del sufrimiento. Si busca una herramienta para su viaje espiritual, ¡los beneficios le sorprenderán!

El aspecto activo del yoga

En su esencia, el Yoga es una práctica que promueve el bienestar físico, mental y espiritual. En el Kriya Yoga, se combinan diversas posturas y movimientos con técnicas específicas de respiración para hacer circular la energía por el cuerpo y cultivar estados profundos de conciencia meditativa. A diferencia de otros tipos de yoga que se centran en estiramientos suaves y relajación, el Kriya Yoga requiere una gran concentración y disciplina personal. Involucrar tanto la mente como el cuerpo ayuda a los practicantes a desarrollar la claridad mental y a mejorar la salud física. Tanto si desea profundizar en su práctica de meditación como aumentar sus niveles de forma física, el Kriya Yoga tiene algo que ofrecer a todo el mundo.

Historia del Kriya Yoga

El Kriya Yoga existe desde hace miles de años. Originario de la antigua India, se introdujo por primera vez en un texto conocido como los Yoga Sutras de Patanjali, en el que se esbozaban diversos aspectos de esta profunda técnica de meditación. Con el tiempo, el Kriya Yoga se hizo popular entre los buscadores espirituales de todos los orígenes, y pronto se extendió por todo el mundo.

Una de las características únicas del Kriya Yoga es el énfasis en el trabajo respiratorio. A través de una respiración profunda y consciente, los practicantes acceden a las partes más recónditas de su conciencia, disolviendo barreras y provocando profundas transformaciones tanto a nivel físico como espiritual. Además, el Kriya Yoga incluye otros elementos como posturas físicas, bloqueos corporales llamados bandhas, técnicas de visualización denominadas tratakas y ejercicios de concentración focalizada llamados pranayamas que pueden ayudar a regular el propio flujo de energía.

En la actualidad, muchas escuelas diferentes de Kriya Yoga enseñan diversos métodos y estilos. Tanto si se embarca en un curso intensivo como si simplemente busca inspiración en su práctica diaria de meditación, el Kriya Yoga le ofrece una rica gama de herramientas para apoyarle en su viaje hacia la iluminación.

¿Qué hace diferente al Kriya Yoga?

El Kriya Yoga es una antigua forma de meditación que ofrece muchos beneficios únicos a los practicantes de esta disciplina. A diferencia de otros tipos de Yoga, el Kriya se centra principalmente en la respiración y el movimiento, fomentando un enfoque tangible de la atención plena. Al mismo tiempo, el Kriya también hace hincapié en el desarrollo de cualidades interiores como la paz, la compasión y la claridad. Muchas personas descubren que estas cualidades se potencian con la práctica del Kriya y pueden ayudarles a vivir vidas más plenas. Además, el Kriya incorpora una serie de prácticas complementarias como los cánticos y las afirmaciones que refuerzan aún más la conexión mente-cuerpo y ayudan a los practicantes a aprovechar todo su potencial. Supongamos que busca una forma de meditación muy eficaz que vaya más allá de la experiencia típica. En ese caso, el Kriya Yoga puede ser justo lo que ha estado buscando.

Beneficios espirituales del Kriya Yoga

El Kriya Yoga se ha utilizado durante miles de años para mejorar la claridad mental, la concentración y la paz interior. En su esencia, implica periodos prolongados de meditación intensa y ejercicios de respiración profunda. Estas prácticas ayudan a calmar la mente y a centrar los pensamientos en verdades más profundas e ideales más elevados. Además, el Kriya Yoga puede influir positivamente en la salud mental, mejorando los síntomas de depresión y ansiedad en muchas personas que lo practican con regularidad. Además, esta práctica ancestral también puede fortalecer las relaciones al ayudar a las personas a ver a los demás con compasión y comprensión en lugar de con juicio o negatividad. El Kriya Yoga ofrece muchos beneficios espirituales que merece la pena explorar para cualquiera que busque conectar más profundamente consigo mismo o con los demás.

1. Despertar espiritual

El Kriya Yoga promueve un despertar espiritual profundo y significativo. Esta antigua forma de Yoga incorpora una gran cantidad de técnicas de meditación y ejercicios de respiración, todos ellos destinados a ayudar al practicante a alinear su mente, cuerpo y alma. Al hacerlo, el Kriya Yoga puede facilitar un profundo estado de paz interior, ayudándonos a sintonizar con nuestro potencial más elevado. Además, esta práctica promueve sentimientos de conexión con los demás y con el universo en su conjunto. En general, los beneficios del Kriya Yoga son muchos y de gran alcance, lo que lo convierte en una herramienta esencial para cualquiera que busque una sensación más profunda de bienestar espiritual. Tanto si meditamos solos como en grupo, el Kriya Yoga nos invita a un viaje hacia una mayor comprensión, amor propio y compasión por todos los seres. Cuando tomamos plena conciencia de nuestra verdadera naturaleza, nuestro cuerpo rejuvenece y se llena de energía, ¡señal de que ha llegado nuestro momento de verdadero despertar espiritual!

2. Prácticas de meditación mejoradas

El Kriya Yoga también puede ayudar a mejorar nuestras prácticas habituales de meditación. Al incorporar una variedad de ejercicios de respiración y técnicas de concentración focalizada, el Kriya nos ayuda a aquietar la mente y a conectar con nuestras verdades más profundas. Además, el énfasis del Kriya en la conexión cuerpo-mente también puede ayudarnos a desarrollar un enfoque más encarnado de la meditación. Al estar más en sintonía con nuestras sensaciones físicas, podemos empezar a soltar cualquier desorden mental o distracción que pueda estar impidiendo que nos sumerjamos de verdad en nuestra práctica de meditación. Para muchas personas, el Kriya Yoga es una puerta de entrada a estados más profundos de meditación.

3. Mejora de la atención plena

El Kriya Yoga también puede mejorar nuestras prácticas de atención plena. Esta forma de Yoga hace hincapié en la importancia de estar presente en todos y cada uno de los momentos, sin juicios ni apegos. Al animarnos a centrarnos en nuestra respiración y sensaciones corporales, el Kriya Yoga nos ayuda a enraizarnos en el aquí y ahora. Además, el enfoque del Kriya en la compasión y la comprensión puede ayudarnos a ver a los demás con más claridad y amabilidad. A través de la práctica del Kriya Yoga, podemos aprender a acercarnos a cada momento con ojos frescos, el corazón abierto y la mente de un principiante.

4. Mayor conciencia de uno mismo

El Kriya Yoga también conduce a un mayor conocimiento de uno mismo. Al estar más en sintonía con nuestras sensaciones corporales y la respiración, no podemos evitar notar cualquier tirantez o tensión que pueda estar presente en nuestro cuerpo. Además, su enfoque en el momento presente puede ayudarnos a ser más conscientes de nuestros pensamientos y emociones a medida que surgen. Al aprender a observar nuestras experiencias internas sin juzgarlas, podemos desarrollar una mayor comprensión de nosotros mismos y de nuestros patrones. Con el tiempo, podemos incluso aprender a utilizar el Kriya Yoga como herramienta para la autotransformación, dejando ir cualquier pensamiento o comportamiento negativo que ya no nos sirva.

5. Mayor claridad e intuición

El Kriya Yoga aumenta nuestra claridad e intuición. Esta forma de Yoga nos anima a confiar en nuestra intuición y voz interior, que a menudo es una señal de nuestro potencial más elevado. Además, el enfoque del Kriya en la meditación puede ayudarnos a desarrollar una mayor conciencia de los aspectos más sutiles de la vida. A medida que nos sintonizamos más con nuestra respiración y nuestras sensaciones corporales, también podemos empezar a captar cambios sutiles en nuestro entorno y en las personas que nos rodean. Con el tiempo, puede que incluso descubramos que podemos intuir el futuro o conectar con nuestros seres queridos que han fallecido.

6. Mayor capacidad para manifestar deseos

El Kriya Yoga también puede ayudarnos a manifestar nuestros deseos. Esta forma de Yoga nos enseña a centrarnos en nuestra intención más que en nuestro resultado. Al centrarnos en lo que queremos crear en nuestras vidas, podemos alinearnos mejor con el flujo de la energía universal. Además, el énfasis del Kriya en la gratitud y la compasión puede ayudarnos a atraer más energía positiva a nuestras vidas. A medida que aprendemos a soltar el apego y la resistencia, podemos abrirnos a posibilidades ilimitadas.

7. Mejora de la salud y la vitalidad

El Kriya Yoga también conduce a una mejora de la salud y la vitalidad. Esta forma de Yoga nos ayuda a liberar cualquier tensión o bloqueo que pueda estar presente en nuestro cuerpo. Además, su enfoque en la respiración y la meditación puede mejorar nuestra circulación y funciones respiratorias. A medida que aprendemos a tomar el control de nuestra respiración, también podemos empezar a regular nuestros niveles de estrés y nuestro sistema nervioso. Con el tiempo, incluso podemos descubrir que tenemos más energía, resistencia y una mayor sensación de bienestar general.

8. Conexión más profunda con lo divino

El Kriya Yoga nos ayuda a desarrollar una conexión más profunda con lo divino. Esta forma de Yoga enfatiza nuestra unidad con toda la creación. Al centrarnos en nuestra respiración y en las sensaciones corporales, podemos empezar a ver la interconexión de toda la vida. El enfoque del Kriya en la compasión y el perdón puede ayudarnos a desarrollar una relación más amorosa con nosotros mismos y con los demás. A medida que aprendemos a soltar el juicio y el miedo, podemos abrirnos a un sentido más profundo de conexión con el universo. A través de la práctica del Kriya Yoga, podemos aprender a apreciar el carácter sagrado de la vida misma.

9. Mayor sentido del propósito

El Kriya Yoga también puede ayudarnos a encontrar un mayor sentido de propósito. Esta forma de Yoga nos anima a vivir alineados con nuestros valores más elevados. Podemos conectar mejor con nuestra verdadera naturaleza centrándonos en nuestra respiración y sensaciones corporales. El enfoque de Kriya en el momento presente también puede ayudarnos a soltar cualquier apego o preconcepción que podamos tener sobre quiénes somos. A medida que aprendemos a conectar con nuestro yo auténtico, podemos empezar a vivir de forma más auténtica. Al hacerlo, podemos descubrir un mayor sentido de propósito y significado en nuestras vidas.

10. Mayor sensación de paz y calma

El Kriya Yoga implica un proceso de respiración profunda y concentración, que le permite enraizarse profundamente en el momento presente y liberar su mente de distracciones. Requiere disciplina mental y un compromiso activo en su viaje interior, ayudándole a conectar más profundamente con sus pensamientos y emociones subconscientes. La práctica regular de esta antigua disciplina oriental le hará estar más en sintonía con la energía de su interior y de su entorno, permitiéndole vivir su vida con mayor presencia, conciencia y alegría. El Kriya Yoga puede ser el camino perfecto para usted si busca una forma de nutrir su alma y profundizar su conexión con el universo.

Beneficios médicos del Kriya Yoga

El Kriya Yoga es un antiguo sistema de prácticas físicas y mentales que afectan positivamente a la salud y el bienestar. Entre ellos se incluyen la mejora de la función cardiovascular, la reducción de la presión arterial, la mejora del sueño y la digestión y el fortalecimiento de la inmunidad. Además, puede servir como calmante natural del estrés, ayudando a las personas a relajarse y a estar más presentes. En general, esta práctica puede favorecer el bienestar físico y emocional, lo que la convierte en una herramienta valiosa para cualquiera que busque alcanzar una mayor salud y bienestar. Si busca aumentar sus niveles de energía o simplemente experimentar una mayor paz mental, ¡el Kriya Yoga puede ser la solución perfecta para usted!

1. Reducir la presión arterial

Una investigación realizada por el Centro Médico de la Universidad de Texas descubrió que el Kriya Yoga puede ayudar a reducir la presión arterial. Los participantes en el estudio que tomaron parte en la intervención de Kriya Yoga mostraron reducciones significativas tanto en la presión arterial sistólica como en la diastólica. Además, el grupo de Kriya Yoga también presentó mayores mejoras en la frecuencia cardiaca y la función respiratoria. Reducir los niveles de estrés puede disminuir la presión arterial, ya que se sabe que los niveles elevados de estrés contribuyen a la hipertensión. Además, al estirar y fortalecer el cuerpo mediante diversas posturas, el Kriya Yoga puede mejorar la función cardiovascular y la circulación en general.

2. Hormonas más equilibradas

Cualquiera que haya experimentado los altibajos de los desequilibrios hormonales puede dar fe de que mantener unos niveles hormonales saludables es crucial para nuestro bienestar general. Tanto si sus hormonas están desajustadas debido a una afección médica como el síndrome de ovario poliquístico o simplemente porque está experimentando los efectos de la menopausia, mantener sus hormonas equilibradas puede ser esencial para combatir el cansancio, los cambios de humor y otros síntomas comunes asociados a las fluctuaciones hormonales. ¿Cómo mantener unos niveles hormonales más equilibrados? Según una investigación reciente, practicar Kriya Yoga puede ser una forma eficaz de conseguirlo.

En un estudio publicado en 2015, investigadores de la Universidad de Rajastán descubrieron que el Kriya Yoga puede ayudar a mejorar los niveles hormonales en mujeres posmenopáusicas. El estudio descubrió que las mujeres que lo practicaban con regularidad tendían a tener niveles más bajos de testosterona y una mejor sensibilidad a la insulina que las que no lo hacían. Además, las mujeres que practicaban Kriya Yoga con regularidad también declararon sentirse menos estresadas y más relajadas que las que no lo hacían. Estos hallazgos sugieren que las prácticas regulares de Kriya podrían ayudar a reequilibrar de forma natural nuestras hormonas al mejorar la sensibilidad a la insulina, reducir los niveles de estrés y promover la relajación.

3. Mejora de la digestión

Como puede atestiguar cualquiera que haya experimentado problemas digestivos, la mejora de la digestión es uno de los mayores beneficios de la práctica del Kriya Yoga. Varios mecanismos físicos pueden explicar este efecto. En primer lugar, el Kriya Yoga es conocido por activar y limpiar el sistema digestivo, permitiéndole funcionar con mayor eficacia. Esto, a su vez, puede reducir síntomas como la hinchazón, el estreñimiento y los gases. Además, su práctica regular puede ayudar a calmar el sistema nervioso y reducir la tensión muscular en todo el cuerpo. Esta combinación reduce los niveles de estrés y, por tanto, mejora la digestión y alivia los dolores crónicos que pueden estar relacionados con una digestión y un tránsito intestinal irregulares. Si busca mejorar su digestión o aliviar sus problemas digestivos, ¡considere la posibilidad de incorporar alguna forma de Kriya Yoga a su rutina!

Ramificación: Las cinco ramas del Kriya Yoga

Existen cinco ramas principales del Kriya Yoga, cada una con su enfoque y beneficios únicos. Las cinco ramas son

1. Kriya Kundalini Pranayama

Esta rama del Kriya Yoga se centra en la respiración, concretamente en la regulación y el control de la respiración. El Kriya Kundalini Pranayama es una técnica poderosa que aprovecha las energías del cuerpo y la mente para promover la curación y el bienestar. Esta práctica respiratoria tiene diversos beneficios, como la reducción del estrés y la ansiedad, la mejora de la circulación y el aumento de los niveles de energía. Además, el centro de energía situado en la base de la columna vertebral se activa durante el Kriya Kundalini Pranayama, lo que permite a los usuarios conectar más fácilmente con su intuición y experimentar una mayor creatividad.

2. Kriya Dhyana Yoga

Esta rama es una forma única de Yoga que combina posturas físicas, trabajo respiratorio y técnicas de meditación para alcanzar el equilibrio físico, mental y espiritual. A diferencia de otros tipos de Yoga, que hacen hincapié en uno u otro aspecto, el Kriya Dhyana abarca simultáneamente los tres aspectos del Yoga. Practicando este estilo de Yoga holístico podrá despertar la conexión de su cuerpo con el espíritu y experimentar una profunda relajación y calma interior. Tanto si es nuevo en este mundo como si es un practicante experimentado, el Kriya Dhyana puede ayudarle a lograr una mayor armonía tanto en su cuerpo como en su mente.

3. Kriya Mantra Yoga

El Kriya Mantra Yoga es un sistema de yoga poderoso y transformador que aprovecha el poder de los mantras, o vibraciones sonoras sagradas, para ayudar a los practicantes a experimentar un profundo despertar físico, mental y espiritual. Las kriyas, o prácticas de limpieza que componen esta práctica de Yoga, también trabajan para purificar el cuerpo tonificando y activando varios centros energéticos a lo largo de la columna vertebral. Con la práctica regular del Kriya Mantra Yoga, uno puede desbloquear todo un nuevo nivel de paz interior y sabiduría que va mucho más allá de la simple salud física y la forma física. Si busca experimentar una verdadera transformación en su vida, no busque más allá del Kriya Mantra Yoga. Con un poco de práctica diaria, ¡podrá liberar su máximo potencial de salud y felicidad!

4. Kriya Bhakti Yoga

El Kriya Bhakti Yoga es una antigua práctica que ha ido ganando popularidad en los últimos años a medida que más y más personas buscan formas alternativas de mejorar su bienestar físico, mental y espiritual. En esencia, el Kriya Bhakti Yoga consiste en dedicar el tiempo, la energía y la atención a mejorarse a uno mismo y a la comunidad. Esto puede lograrse mediante diversas técnicas, como ejercicios de respiración concentrada, prácticas de meditación, mantras y técnicas de visualización. Al centrarnos en nuestra conexión con el universo y cultivar patrones de pensamiento positivos, podemos trabajar para cultivar nuestro potencial interior y lograr una mayor felicidad y armonía en nosotros mismos y en nuestras relaciones con los demás. Sean cuales sean sus objetivos, Kriya Bhakti ofrece algo para todos.

5. Kriya Jnana Yoga

El Kriya Jnana Yoga es una rama del yoga que se centra en la mente y la intuición como claves para desbloquear la conciencia espiritual y la iluminación. Esta práctica se centra en la meditación de atención plena, una técnica de concentración profunda que permite a los practicantes ir más allá de sus pensamientos y sentimientos superficiales y aprovechar el poder de su intuición. Al abrirse a esta sabiduría intuitiva, los yoguis kriya jñana creen que pueden conectar verdaderamente con su interior y llegar a una comprensión más profunda de su mundo. Tanto si buscan un mayor crecimiento personal como si quieren comprender su lugar en el universo, el Kriya Jnana Yoga ayuda a los practicantes en todas las etapas de su viaje hacia la autorrealización.

El Kriya Yoga es una práctica espiritual que consiste en centrarse en el propio interior mientras se realizan determinados ejercicios mentales y físicos. Hoy en día lo practican millones de personas en todo el mundo como herramienta para alcanzar la paz interior y la armonía exterior. Pero, ¿cómo se originó el Kriya Yoga y qué hace que esta antigua práctica sea tan fascinante?

Algunos historiadores creen que el Kriya Yoga se desarrolló por primera vez en la India hace más de dos mil años. Según estos relatos, la práctica fue dominada por un sabio indio llamado Patanjali, que la utilizaba para controlar su respiración y permanecer concentrado en todo momento. Tras muchas generaciones de cuidadoso cultivo y refinamiento, acabó por extenderse desde la India a otras culturas de todo el mundo.

Hoy en día, muchas personas disfrutan explorando la rica historia y la filosofía única del Kriya Yoga. Tanto si le interesa la meditación, el autodescubrimiento o simplemente quiere probar algo nuevo y emocionante, esta antigua práctica tiene mucho que ofrecer. Con su enfoque en lograr un mayor equilibrio en la mente y el cuerpo, puede cambiar la vida de quienes se comprometen plenamente con ella. Si busca una conexión más profunda con su yo interior o un camino hacia la iluminación personal, ¡quizá sea el momento de probar el Kriya Yoga!

Capítulo 2: Su cuerpo sutil y los chakras

El cuerpo sutil en sánscrito se llama "Sukshma Sharira". "Sukshma" se traduce como sutil, y "Sharira" se traduce como el cuerpo. El cuerpo sutil, o el cuerpo astral como se le suele llamar, está formado por el ego, el intelecto y la mente. El cuerpo físico necesita el cuerpo sutil para funcionar correctamente ya que es el que le suministra la energía que necesita para sobrevivir. La filosofía hindú cree que cada persona está dividida en tres cuerpos:

- El cuerpo sutil
- El cuerpo físico burdo
- El cuerpo causal

Según los yoguis y su filosofía, estos tres cuerpos conforman la conciencia de cada persona. Es la energía del cuerpo sutil la que conecta los otros dos cuerpos entre sí. A la mayoría de la gente solo le preocupa el cuerpo físico, pero el cuerpo sutil tiene la misma importancia. Consta de varias capas de energía necesarias para que su cuerpo mantenga su vitalidad. Estas diferentes capas de energía vibran a varias frecuencias que aumentan con cada capa. Sin embargo, a diferencia del cuerpo físico y de todos sus órganos vitales, el cuerpo sutil es invisible ya que es algo que está más allá de lo físico. Aun así, puede sentir el cuerpo sutil despertando su tercer ojo, que es similar al sexto sentido.

La energía que fluye por su cuerpo sutil es prana, energía vital o chi. Las tres palabras tienen el mismo significado, pero en idiomas diferentes. Prana es una palabra sánscrita y chi es una palabra china, y ambas significan energía vital y energía de la fuerza vital. Prana se refiere a la energía universal que fluye a través de todos los seres vivos. Esta energía vital nunca está estancada, sino que siempre debe estar en movimiento a través del cuerpo. Cuando el prana deja de fluir o se bloquea, esto puede repercutir en su salud física, mental y emocional. Un prana equilibrado tendrá un impacto positivo en todos los aspectos de su vida. Esta energía es responsable de todas sus funciones físicas vitales, como la curación, la digestión y la respiración.

La energía que fluye por su cuerpo se llama prana[2]

El prana debe distribuirse por todas las partes de su cuerpo físico. Esto ocurre a través de canales específicos llamados nadis. Los nadis no existen en el cuerpo físico. Existen en el cuerpo sutil. Aunque existen miles de nadis, hay tres principales:

- Sushumna
- Ida
- Pingala

Los tres nadis comienzan en la base de la columna vertebral y terminan en la cabeza. El Pingala y el Ida se cruzan entre sí y se conectan frente a las fosas nasales. El nadis Sushumna se desplaza desde la columna vertebral hacia arriba hasta llegar a la cabeza. El punto de intersección entre el Sushumna y el Ida y el Pingala es la ubicación de los siete chakras. Los miles de nadis conectan con los siete chakras. Los chakras distribuyen la energía vital/prana a cada órgano y célula del cuerpo.

Piense en los nadis como una red que transporta la energía en su cuerpo. Llevan la energía a los chakras, que la distribuyen por el cuerpo. Los nadis son tan vitales como las arterias y las venas y tienen la misma finalidad. ¿Qué le ocurriría a su cuerpo si alguna de sus arterias estuviera bloqueada? Se restringiría el flujo sanguíneo, lo que provocaría graves problemas de salud. Lo mismo puede ocurrir cuando los nadis o chakras están bloqueados. Se restringe el flujo de energía y sentirá su impacto en su salud.

Mantener la energía fluyendo en su cuerpo es vital para su bienestar. Sin embargo, esto solo puede ocurrir cuando sus siete chakras están equilibrados y abiertos.

Los siete chakras

Chakra es una palabra sánscrita que significa "rueda", pero se utiliza para referirse a los puntos focales del cuerpo sutil. Cada uno de los siete chakras es responsable de distribuir la energía a órganos vitales y nervios específicos del cuerpo. Es esencial para su bienestar aprender todo sobre los siete chakras, incluido cómo saber cuándo están bloqueados y qué hacer en ese caso.

Chakra raíz (Muladhara)

El chakra raíz es el primero de los siete chakras; por lo tanto, actúa como la base del cuerpo. Es responsable de todas las funciones vitales necesarias para mantenerle vivo, como dormir y respirar, y le mantiene conectado a tierra. También le proporciona una sensación de seguridad.

Color

Rojo

Chakra Raíz

Mantra
Lam
Elemento
Tierra
Piedra/Cristal
Hematites y jaspe rojo
Postura de yoga para desbloquearlo
Postura de la montaña
Ubicación
En la base de la columna vertebral
Correspondencias
La comida, el dinero y todo lo relacionado con su supervivencia
Síntomas del chakra raíz bloqueado

Sentirá el impacto de un chakra raíz bloqueado en su salud mental cuando empiece a experimentar pesadillas, ansiedad y miedos inexplicables derivados de una sensación de inseguridad. La frustración y la inestabilidad emocional también son síntomas de un chakra raíz bloqueado. También se sentirá perdido mientras lucha por encontrar su propósito en la vida. Su salud física se resentirá al experimentar dolor en distintas partes del cuerpo, como los pies, la parte baja de la espalda y las piernas. Cualquier desequilibrio en este chakra puede afectar también a su vejiga y colon.

Un chakra raíz hiperactivo puede hacer que se entregue a comportamientos poco saludables como comer en exceso y tener demasiado sexo.

Síntomas de un chakra raíz abierto

Se sentirá con los pies en la tierra, fuerte y con energía cuando el chakra de la raíz esté abierto. Su digestión también mejorará. Se sentirá más independiente y comprometida en sus relaciones y en su carrera. Las emociones negativas que experimentaba cuando este chakra estaba bloqueado serán sustituidas por otras positivas como la estabilidad, la fuerza, la confianza y el equilibrio. Se sentirá fuerte y capaz de defenderse y resistir lo que la vida le depare.

Desbloquear el chakra raíz

El yoga es uno de los mejores métodos para ayudarle a desbloquear todos sus chakras. Las mejores posturas para los chakras raíz incluyen la Malasana, el Guerrero I y la Balasana. Estas posturas le ayudarán a enraizarse y a devolver el equilibrio al chakra raíz. También puede llevar piedras curativas o cristales asociados con el chakra raíz o meditar con ellos, como el jaspe rojo, la obsidiana y el rubí. Incorporar a su dieta ciertos tipos de alimentos, como pimientos, cebollas, tomates, zanahorias, chirivías, fresas y remolachas, también servirá.

Chakra sacro (Swadhisthana)

El chakra sacro está asociado con la sexualidad, la autoestima y la creatividad. Este chakra le ayuda a comprender mejor sus emociones y a dar sentido a lo que siente. Abre sus sentidos, por lo que también puede comprender lo que siente la gente. Este chakra rige todos sus sentimientos y emociones, como los placeres y las pasiones. Piense en cualquier emoción que le produzca felicidad; lo más probable es que el chakra sacro esté detrás de ellas.

Chakra sacro[4]

Color

Naranja

Mantra

Vam

Elemento

Agua

Piedra/Cristal

Piedra solar, cornalina y ojo de tigre

Postura de yoga para desbloquearlo

Postura de la diosa

Ubicación

Zona pélvica en la parte inferior del abdomen

Correspondencias

Bienestar, sexualidad y placer

Síntomas del chakra sacro bloqueado

Cuando el chakra sacro está bloqueado, experimentará un desequilibrio en sus emociones que se manifestará en ira explosiva e irritabilidad. También se consumirá por pensamientos sexuales y manipuladores. La falta de creatividad y energía también son síntomas de un chakra sacro bloqueado. Se sentirá falto de inspiración y deprimido y puede tener problemas de adicción. La mayoría de las veces, sentirá que su vida está fuera de control. Su sexualidad también pasará factura, ya que puede sufrir problemas hormonales o una libido baja. Cuando este chakra está bloqueado, también puede afectar a su salud física, ya que sufrirá problemas digestivos, dolor en la pelvis, problemas menstruales, agotamiento y problemas de inmunidad.

Un chakra sacro hiperactivo dará lugar a un comportamiento fuera de control asociado a la adicción o al sexo. Sus emociones también serán inestables y fluctuarán entre altibajos extremos.

Síntomas de un chakra sacro abierto

Piense en una persona feliz caminando por la calle con una gran sonrisa y una actitud positiva y acogedora. Esto es lo que parece tener un chakra sacro abierto. Le hace amigable, cálido, alegre y apasionado. También disfrutará de todo lo que la vida le ofrece con moderación y sin excesos.

Desbloquear el chakra sacro

Puede probar posturas de yoga como Mandukasana, Bhujangasana y Kapotasana. Colocar cristales curativos en la zona pélvica mientras medita o se baña puede ayudar a abrir su chakra sacro. Los cristales naranjas son su mejor opción aquí ya que es el color de este chakra. Puede probar con cristales como la calcita naranja, la cornalina y el granate. Incorporar estos alimentos a su dieta puede ayudarle a equilibrar su chakra sacro (como el mango, la miel, la calabaza y las naranjas).

Chakra del plexo solar (Manipura)

Este chakra se asocia con la confianza y la capacidad de mantener el control. Gobierna su autoestima y le da un sentido de individualismo y poder personal. Es el más poderoso de los siete chakras. Le anima a ser valiente, a defenderse y a establecer límites saludables.

Chakra sacro[5]

Color

Amarillo

Mantra

Ram

Elemento

Fuego

Piedra/Cristal

Ámbar y pirita

Postura de yoga para desbloquearlo

Postura del barco

Ubicación

La zona del estómago

Correspondencias

Autoestima y confianza en uno mismo

Síntomas del chakra del plexo solar bloqueado

Las emociones asociadas a este chakra bloqueado son la agresividad, el ego y la ira. También puede experimentar problemas de salud en algunos órganos vitales, como el hígado. Algunas personas también sufren diabetes, problemas digestivos y problemas estomacales. Los síntomas emocionales también son comunes cuando este chakra está bloqueado, como problemas de ira, depresión y problemas de autoestima. También puede experimentar sentimientos de duda sobre sí mismo y vergüenza. Un chakra del plexo solar bloqueado puede hacerle indeciso y luchar por mantener el control, ya sea de su temperamento o de su vida en general. Se sentirá constantemente decaído como resultado de sus problemas de autoestima. En consecuencia, empezará a actuar en función de estos sentimientos. Procrastinará su trabajo, se mostrará apático y será un blanco fácil para que la gente se aproveche de usted.

Cuando este chakra está hiperactivo, actuará de forma maníaca y se volverá hiperactivo y ávido de poder.

Síntomas del chakra del plexo solar abierto

Cuando este chakra esté equilibrado, se sentirá más centrado, enérgico y productivo, y su autoestima mejorará. Tendrá la confianza necesaria para ser quien es y expresarse libremente sin miedos ni vacilaciones.

Desbloqueo del chakra del plexo solar

Las posturas de yoga como Navasana, Virabhadrasana y Dhanurasana pueden ayudar a desbloquear el chakra del plexo solar. Meditar con cristales amarillos o colocarlos en la zona del estómago también es útil. Puede utilizar cristales como el cuarzo amarillo, el citrino y la calcita amarilla. Añadir alimentos amarillos a su dieta, como plátanos, pimientos amarillos y piña, puede devolver el equilibrio al chakra del plexo solar.

Chakra del corazón (Anahata)

Este es el chakra del corazón, que rige todos los asuntos del corazón, como el amor, el romance y las relaciones. Está asociado a emociones como la pasión, la compasión y el apego. Amor es la palabra clave aquí, ya que el chakra del corazón le permite amar, aceptar el amor y amarse a sí mismo. Es el cuarto chakra, lo que significa que ocupa una posición única en medio de los siete chakras.

Chakra del corazón[6]

Color
Verde y rosa

Mantra
Yam

Elemento
Aire

Piedra/Cristal
Malaquita, jade, cuarzo rosa

Postura de yoga para desbloquearlo
Postura del camello
Ubicación
Alrededor de la zona del corazón
Correspondencias
Paz interior, amor y alegría
Síntomas del chakra del corazón bloqueado

Cuando el chakra del corazón está bloqueado, esto repercutirá naturalmente en sus emociones. Se sentirá ansioso, malhumorado, temeroso, enfadado y celoso. No podrá confiar en las personas de su vida. Un chakra del corazón cerrado hará que le cueste abrirse a cualquiera, incluso a su familia y amigos. Luchará con problemas de confianza y vivirá con el temor de que sus allegados puedan traicionarle. Sus relaciones se resentirán porque le costará dar y recibir amor. No será capaz de perdonar, olvidar o superar el pasado.

Un chakra del corazón hiperactivo puede hacer que se apegue demasiado a sus seres queridos . . necesitado, posesivo y dependiente de ellos.

Síntomas del chakra del corazón abierto

Un chakra del corazón abierto le convertirá en un individuo cariñoso, compasivo, amable, motivado y optimista. Experimentará empatía y será capaz de sentir y relacionarse con lo que sienten los demás. Le dará la capacidad de perdonar a los demás y despertará su espíritu. Irradiará vibraciones positivas y dará y recibirá amor con facilidad.

Desbloquear el chakra del corazón

Practique posturas de yoga como Garudasana y Ustrasana para desbloquear el chakra del corazón. Lleve collares con cristales asociados al chakra del corazón, como el jade, la esmeralda y la turmalina sandía. Las verduras verdes también pueden sanar el chakra del corazón.

Chakra de la garganta (Vishuddha)

Como chakra de la garganta, es responsable de su capacidad para comunicarse y expresarse. Es el chakra que da poder a su voz para que pueda decir con confianza su verdad.

Color

Azul

Mantra

Jamón

Elemento

Espacio

Piedra/Cristal

Aguamarina

Postura de yoga para desbloquearlo

Postura del pez

Ubicación

La zona de la garganta

Correspondencias

Verdad, comunicación y autoexpresión

Chakra de la garganta[7]

Síntomas del chakra de la garganta bloqueado

Cuando el chakra de la garganta está bloqueado, no puede comunicar sus pensamientos. También se volverá inusualmente callado y tímido y le costará expresarse. Escuchar lo que dicen los demás le parecerá una tarea pesada, ya que tendrá dificultades con todo tipo de comunicación. Ocultará su verdadero yo por miedo a ser juzgado. Pueden manifestarse algunos síntomas físicos como dolores de cabeza, de garganta y tensión en hombros y cuello.

Un chakra de la garganta hiperactivo le hará dominar la conversación y ser sentencioso.

Síntomas del chakra de la garganta abierto

Un chakra de la garganta abierto le permitirá expresarse mejor y mejorará su capacidad de comunicación. También podrá escuchar atentamente lo que los demás le comunican sin malentendidos. Este chakra le permite defender sus valores y creencias, ya que nadie podrá silenciar su voz.

Desbloquear el chakra de la garganta

Practique posturas de yoga como Matsyasana y Halasana para abrir el chakra de la garganta. Coloque cristales azules sobre su garganta (como aguamarina y lapislázuli) mientras medita. Añada alimentos azules a su dieta, como los arándanos.

Chakra del tercer ojo (Ajna)

Este chakra está asociado con el autoconocimiento, la perspicacia y la inteligencia. Le ayuda a ver el panorama general y a percibir las cosas a un nivel más profundo sin juicios nublados. Sus otros chakras suelen influir en este chakra, por lo que si se desequilibran, también lo hará su chakra del tercer ojo.

Chakra del tercer ojo[8]

Color

Índigo

Mantra

Om

Elemento

Luz

Piedra/Cristal

Amatista y labradorita

Postura de yoga para desbloquearlo

Postura del niño

Ubicación

La frente

Correspondencias

Sabiduría, intuición e imaginación

Síntomas del chakra del tercer ojo bloqueado

Un chakra del tercer ojo bloqueado puede hacer que tenga miedo al éxito y sea egoísta. También puede experimentar síntomas físicos como visión borrosa y dolores de cabeza. Le costará confiar en su propio juicio y aprovechar su intuición. Sentirse desconectado de su intuición es otro síntoma de un chakra del tercer ojo bloqueado. Como resultado, lo analizará todo en exceso, lo que le abrumará y frustrará. Ignorar su intuición también puede hacer que una persona viva sumida en la ansiedad y el miedo. También puede sufrir diversos problemas de salud como mareos, dolores de cabeza y depresión.

Un chakra hiperactivo puede volverle demasiado imaginativo.

Síntomas del chakra del tercer ojo abierto

Un chakra del tercer ojo abierto le dará confianza y le animará a aprovechar su intuición. Estará en sintonía con el mundo espiritual y físico. Ganará sabiduría a medida que se desprenda de su ego y empiece a escuchar su intuición.

Desbloqueo del chakra del tercer ojo

La meditación y la visualización son factores clave para ayudarle a abrir el chakra del tercer ojo. Los cristales como la sugilita, la amatista y el zafiro también pueden hacer el trabajo. Limítese a los alimentos morados como las uvas, las ciruelas y las berenjenas.

Chakra de la coronilla (Sahasrara)

El chakra de la corona es el último de los siete chakras y es el responsable de la iluminación y la espiritualidad. Invita a la sabiduría a su vida.

Color

Blanco y violeta

Mantra

Aum

Elemento

Ninguno

Piedra/Cristal

Cuarzo claro

Postura de yoga para desbloquearlo

Parada de cabeza

Ubicación

La parte superior de la cabeza

Correspondencias

Conexión espiritual y belleza (interior y exterior)

Síntomas del chakra coronario bloqueado

Un chakra coronario cerrado puede provocar emociones destructivas y una tristeza extrema. Se sentirá desconectado del mundo y de las personas que le rodean. Como resultado, perderá el rumbo y luchará por encontrar un propósito en su vida.

Cuando el chakra coronario está hiperactivo, renunciará a lo espiritual y se obsesionará con adquirir pertenencias materialistas.

Síntomas del chakra coronario abierto

Un chakra coronario abierto puede ayudarle a alcanzar una conciencia superior. Sin embargo, tener un chakra coronario abierto es muy raro, pero no imposible. También puede permitirle conectar con los demás, con lo divino y con su yo superior.

Desbloqueo del chakra coronario

El Mudra de la Corona, Baddha y Padmasana son algunas de las posturas de yoga más eficaces que pueden ayudarle a abrir el chakra de la corona. Colóquese cristales morados como diamantes, selenita y piedra luna en la frente. Ayunar durante unas horas también puede ayudar a desbloquear el chakra de la coronilla.

Cómo ayuda el Kriya Yoga a despertar y sanar los chakras

El Kriya Yoga le ayuda a relajar el cuerpo y la mente. Este tipo de yoga también puede estimular los chakras y purificarlos. También puede mejorar las funciones de sus chakras y hacer que funcionen de forma óptima. El Kriya Yoga limpia los chakras para que el prana pueda fluir fácilmente a través de ellos.

No ver algo no lo hace menos real. No se puede ver el cuerpo sutil ni siquiera sentirlo, pero esto no significa que no sea necesario. El cuerpo sutil es donde existen los siete chakras. Reciben el prana y lo distribuyen por todo su cuerpo para mejorar su salud y bienestar. Los chakras bloqueados pueden tener un impacto negativo en su salud física y mental. Cada chakra está asociado a un color. Aprenda estos colores, ya que le ayudarán a sanar sus chakras. Aprenda la diferencia entre un chakra bloqueado y uno abierto para darse cuenta de cuándo algo no funciona y tomar las medidas necesarias. Cuando todos sus chakras estén abiertos, notará una diferencia en todos los aspectos de su vida. Revísese siempre y sea consciente de sus emociones.

Capítulo 3: Del samadhi al despertar de la kundalini

En la tradición yóguica, a menudo se habla de dos conceptos principales a la vez, aunque son bastante diferentes. Estos conceptos son kundalini y samadhi. Kundalini se refiere a una energía que yace latente en la base de la columna vertebral, mientras que samadhi es un estado de éxtasis religioso o iluminación. Aunque son dos cosas diferentes, el despertar de la kundalini solo puede lograrse a través de un estado de samadhi. En este capítulo, exploraremos primero la kundalini, hablando de lo que es y de cómo puede despertarse. Después exploraremos el samadhi, discutiendo las diferentes etapas de este estado y cómo puede alcanzarse. Por último, hablaremos del papel de las kriyas en la consecución del despertar de la kundalini y del samadhi.

Alcanzar un estado de kundalini de samadhi requiere concentración y práctica⁹

Kundalini

La kundalini es una fuerza poderosa que existe en el núcleo de todo ser vivo. Algunos creen que descansa en la base de la columna vertebral, latente y a la espera de ser despertada. Cuando esta energía se desata, se eleva y recorre el cuerpo, conectando con los diferentes chakras. El resultado de esta activación es una curación profunda y un crecimiento espiritual. Aunque nadie sabe exactamente cómo o por qué existe la kundalini, muchas personas han experimentado su poder de primera mano a través de prácticas de yoga, retiros de meditación u otras experiencias transformadoras. Tanto si busca la iluminación como si simplemente siente curiosidad por esta fuerza misteriosa, una cosa está clara: la kundalini encierra un gran potencial para quienes son lo bastante valientes como para aprovecharla.

A. La kundalini y los chakras

Kundalini es un término que se refiere a un tipo de energía que yace latente en la base de la columna vertebral en la mayoría de los seres humanos. Generalmente se cree que esta fuerza está asociada al relato del "poder de la serpiente" descrito en muchas mitologías antiguas, y puede despertarse mediante prácticas como el yoga o la meditación. Una vez activada, esta energía viaja hacia arriba a través de los distintos chakras o centros energéticos del cuerpo, dando lugar finalmente a un profundo despertar espiritual y a profundos cambios en la propia conciencia.

Los siete chakras principales están asociados cada uno a un nivel de conciencia diferente. A menudo se piensa en ellos como en peldaños de una escalera que conduce a la iluminación. El primer chakra, situado en la base de la columna vertebral, se conoce como Muladhara o chakra "raíz". Este chakra está asociado con el cuerpo físico y sus necesidades, como la comida, el cobijo y la seguridad. El segundo chakra, situado justo debajo del ombligo, se conoce como Svadhisthana o chakra "sacro". Este chakra se asocia con el placer, la sexualidad y la creatividad. El tercer chakra, situado en la zona del plexo solar, se conoce como Manipura o chakra del "poder". Este chakra se asocia con la ambición, el poder personal y la autoestima.

El cuarto chakra, situado en la zona del corazón, se conoce como el chakra Anahata o "del desenganche". Este chakra se asocia con el amor, la compasión y el perdón. El quinto chakra, situado en la zona de la garganta, se conoce como el Vishuddha o chakra "claro". Se asocia con la comunicación y la autoexpresión. El sexto chakra, situado entre las cejas, se conoce como el Ajna o chakra del "tercer ojo". Este chakra se asocia con la intuición, la imaginación y la sabiduría. El séptimo chakra, situado en la coronilla, se conoce como Sahasrara o chakra de los "mil pétalos". Se asocia con la espiritualidad, la conciencia de unidad y la conexión con lo Divino.

B. El proceso del despertar de la kundalini

Hay muchas formas de despertar la energía kundalini, y el proceso puede variar en función del individuo. A veces, la kundalini puede despertarse espontáneamente a través de un acontecimiento o experiencia repentina, como una experiencia cercana a la muerte, una meditación poderosa o un cambio importante en la vida. Para la mayoría de la gente, sin embargo, la kundalini se despierta gradualmente con el tiempo a través de la práctica regular del yoga, la meditación y otras disciplinas espirituales.

El proceso del despertar de la kundalini puede dividirse en tres etapas principales:

1. La primera etapa, conocida como "prana shakti", se caracteriza por síntomas físicos y psicológicos como un aumento de los niveles de energía, ansiedad e irritabilidad. Esta etapa se asocia a menudo con una sensación de "inquietud" o de "estar al límite".

2. La segunda etapa, conocida como "Chitta shakti", se caracteriza por síntomas mentales y emocionales como pensamientos acelerados, insomnio y cambios de humor. Esta etapa se asocia a menudo con una sensación de "agitación interior" o de "ser arrastrado en diferentes direcciones."

3. La tercera etapa, conocida como "samadhi shakti", se caracteriza por síntomas espirituales como una sensación de unidad con el universo, paz profunda y dicha. Esta etapa se asocia a menudo con un sentimiento de "iluminación" o "unión con lo Divino".

C. ¿Qué ocurre una vez que se despierta la kundalini?

Una vez que la kundalini se despierta, comienza a viajar hacia arriba a través de los chakras, abriendo y activando gradualmente cada uno de ellos. Este proceso puede tardar meses o incluso años en completarse, y a menudo provoca cambios profundos en la conciencia. A medida que la kundalini se desplaza por los chakras, podemos experimentar síntomas físicos, mentales, emocionales y espirituales. Estos síntomas pueden ser positivos y negativos y pueden aparecer y desaparecer a medida que la kundalini se desplaza por los chakras.

Algunos de los síntomas más comunes del despertar de la kundalini incluyen

- Aumento de los niveles de energía
- Cambios en los patrones de sueño
- Cambios en el apetito
- Emociones intensas
- Síntomas psicosomáticos
- Experiencias paranormales
- Percepciones espirituales
- Sensación de conexión con lo Divino

A medida que la kundalini continúa ascendiendo por los chakras, también podemos empezar a experimentar cambios más profundos en la conciencia. Estos cambios pueden incluir una mayor sensación de paz y bienestar, una comprensión más profunda de la naturaleza de la realidad y una conexión más fuerte con lo Divino. Para algunas personas, el despertar de la kundalini puede ser una experiencia que cambia la vida y conduce a la transformación personal y al crecimiento espiritual.

D. ¿Cómo puede lograrse el despertar de la kundalini?

El despertar de la kundalini solo puede lograrse a través del samadhi. Cuando alcanzamos un estado de samadhi, la energía kundalini puede ascender por los chakras y despertar nuestro verdadero potencial. Una vez que esto sucede, podemos empezar a experimentar los profundos cambios de conciencia asociados al despertar.

Hay muchas formas diferentes de alcanzar el samadhi, y el mejor método variará de una persona a otra. Algunos de los métodos más comunes incluyen la meditación, el yoga y el trabajo respiratorio. El samadhi no es algo que pueda lograrse de la noche a la mañana. A menudo se necesitan meses o incluso años de práctica dedicada para alcanzar este estado. Sin embargo, las recompensas del samadhi bien merecen el esfuerzo. Una vez que alcanzamos este estado, podemos empezar a experimentar una sensación de unidad con el universo, una paz profunda y dicha. También podemos descubrir que nuestras vidas se transforman de formas inesperadas y maravillosas.

Samadhi

En las tradiciones hindú y budista, el samadhi es un estado de profunda concentración y unidad con el universo. Este elevado nivel de conciencia puede cultivarse a través de diversos medios, como la meditación, la visualización y los ejercicios de atención plena. A medida que uno progresa en estas prácticas y comienza a abrir su mente y su corazón al mundo que le rodea, puede empezar a experimentar momentos de samadhi, la sensación de conexión última con todo lo que existe en el universo. Mediante la práctica y la dedicación constantes, todos podemos acceder a este estado más profundo del ser y encontrar la paz, la satisfacción y la iluminación en nuestro interior. Si desea una mayor realización espiritual o aumentar su felicidad y bienestar generales, sumérjase en el mundo del samadhi y descubra su verdadero yo.

A. Las etapas del samadhi

Existen tres etapas principales del samadhi, cada una con sus características distintivas.

1. La primera etapa se conoce como "samprajnata samadhi" y se caracteriza por un profundo sentido de concentración y focalización de la mente. Este nivel puede alcanzarse mediante prácticas como la meditación y la atención plena.
2. La segunda etapa se conoce como "asamprajnata samadhi" y se caracteriza por una profunda sensación de tranquilidad y dicha. Este nivel puede alcanzarse mediante prácticas como la repetición de mantras y la visualización.
3. La tercera etapa se conoce como "nirvikalpa samadhi" y se caracteriza por una profunda sensación de unidad con el universo. Este nivel puede alcanzarse mediante prácticas como la oración y el servicio a los demás.

B. ¿Quién puede alcanzar el samadhi?

Cualquiera puede alcanzar el samadhi, independientemente de sus creencias religiosas o prácticas espirituales. Todo lo que se requiere es la voluntad de desprenderse del ego y abrirse a la realidad mayor que existe a nuestro alrededor. Mediante la práctica regular y un esfuerzo dedicado, todos podemos alcanzar este estado superior de conciencia y encontrar la verdadera paz y felicidad en nuestro interior. Sin embargo, hay que tener en cuenta que el viaje hacia el samadhi no siempre es fácil. Habrá momentos en los que nos sintamos perdidos y confusos, e incluso puede haber momentos en los que queramos rendirnos por completo. Sin embargo, si podemos perseverar a través de estos momentos difíciles, finalmente alcanzaremos el final de nuestro viaje y el objetivo último del samadhi.

C. ¿Cuáles son los beneficios del samadhi?

Son muchos los beneficios que se obtienen al alcanzar el samadhi, como por ejemplo

- Una comprensión más profunda de la naturaleza de la realidad
- Una conexión más fuerte con lo Divino
- Una sensación de paz y bienestar
- Una mayor creatividad e intuición
- Una mejor salud mental y física
- Mayor claridad mental
- Mayor enfoque y concentración
- Una sensación más profunda de conexión con los demás
- Un sentimiento general de felicidad y satisfacción

Supongamos que busca una mayor realización espiritual o que desea mejorar su bienestar general. En ese caso, el samadhi es algo que debería explorar. Puede acceder a este estado de conciencia más profundo a través de la práctica regular y encontrar la verdadera paz y felicidad en su interior.

D. ¿Cómo se consigue el samadhi?

Hay muchas formas de alcanzar el samadhi, pero la meditación es el método más común. La meditación nos permite aquietar la mente y desprendernos de todos los pensamientos y preocupaciones que llenan constantemente nuestra cabeza. A medida que aquietamos la mente, nos volvemos más conscientes del momento presente y de la belleza que existe a nuestro alrededor. También podemos empezar a notar las energías sutiles que fluyen por nuestro cuerpo y nos conectan con toda la vida. Con la práctica regular, podemos aprender a aquietar nuestra mente cada vez más hasta que finalmente alcancemos un estado de paz interior completa. Otros métodos para alcanzar el samadhi son la repetición de mantras, la visualización y la oración.

E. ¿Cómo se siente el samadhi?

Cuando alcanzamos un estado de samadhi, podemos sentir una profunda sensación de paz y bienestar. También podemos sentir una fuerte conexión con lo Divino y un sentimiento de unidad con toda la vida. Algunas personas incluso lo han descrito como una sensación de estar "enamorados del mundo". El renombrado místico Ramana Maharshi dijo una vez: "en el samadhi, el yo muere y se revela el Ser". En otras palabras, nos desprendemos de nuestro yo y nos hacemos uno con la gran realidad. Esta puede ser una experiencia muy profundamente conmovedora que cambia por completo nuestras vidas.

F. ¿Qué ocurre después del samadhi?

Tras alcanzar un estado de samadhi, podemos descubrir que nuestras vidas se transforman por completo. Puede que veamos el mundo de una forma nueva y sintamos una conexión más profunda con toda la vida. También podemos desarrollar nuevas habilidades, como una mayor creatividad e intuición. Además, nuestra salud mental y física puede mejorar, e incluso puede que descubramos que podemos manifestar nuestros deseos con mayor facilidad. Sin embargo, recuerde que el samadhi no es un objetivo que deba alcanzarse ni un destino al que llegar. Se trata más bien de un estado de conciencia en el que podemos entrar en cualquier momento simplemente aquietando la mente y volviendo la atención hacia nuestro interior.

El papel de las kriyas en la consecución del samadhi y el despertar de la kundalini

Las kriyas son una serie de acciones o ejercicios específicos diseñados para limpiar el cuerpo y la mente y prepararlos para la meditación. Son una parte esencial de muchas tradiciones de yoga y meditación, y pueden ser muy útiles para alcanzar un estado de conciencia más profundo. Hay kriyas para cada chakra, y pueden realizarse individualmente o como un conjunto completo. Algunas de las kriyas más comunes incluyen el pranayama (control de la respiración), los mudras (gestos con las manos) y los bandhas (bloqueos energéticos).

A. Kriyas y samadhi

Las kriyas pueden ser muy útiles para alcanzar un estado de samadhi, ya que ayudan a aquietar la mente y a centrar la atención en el interior. También pueden utilizarse para despertar la energía kundalini, que yace latente en la base de la columna vertebral. Cuando esta energía se despierta, asciende por los chakras y provoca un estado de iluminación. Las kriyas son una parte esencial de muchas tradiciones de yoga y meditación, y pueden ser muy útiles para alcanzar un estado de conciencia más profundo.

B. Las kriyas y el despertar de la kundalini

Las kriyas son un fenómeno común entre quienes experimentan un despertar de la kundalini. Estos movimientos pueden resultar incómodos al principio, pero sirven a un propósito crucial en el proceso del despertar espiritual. En general, las kriyas ayudan a liberar la tensión y la energía estancada del cuerpo y permiten que la nueva energía fresca fluya más libremente. También pueden ayudar a mantenernos enraizados en nuestra experiencia física mientras nuestra conciencia se expande hacia reinos superiores. Aunque a veces pueden ser intensas, las kriyas se consideran una parte muy positiva y necesaria del viaje de la kundalini.

C. La importancia de tener un profesor en el Kriya Yoga

Un profesor es uno de los aspectos más críticos de cualquier proceso de aprendizaje, y esto es especialmente cierto en el caso del Kriya Yoga. En esencia, el Kriya Yoga es una técnica para alcanzar la iluminación espiritual a través de la práctica meditativa del Kundalini yoga. Esta antigua práctica se ha transmitido de maestro a alumno durante siglos, y requiere mucha dedicación, disciplina y la orientación de un maestro experimentado si se quiere que sea eficaz.

Además de proporcionar instrucción sobre las diversas posturas, el trabajo de la respiración y las técnicas de meditación utilizadas en el Kriya Yoga, los profesores ayudan a proporcionar apoyo emocional y motivación. Mantienen a los estudiantes motivados cuando se sienten desanimados o abrumados, ayudándoles a canalizar su energía en su práctica al tiempo que les mantienen centrados en su objetivo final: la paz interior y el despertar espiritual. Sin estos modelos vitales y mentores que nos guían en nuestro viaje hacia la iluminación, puede ser fácil perder el contacto con nosotros mismos y perderse en el camino.

Los maestros y mentores no solo desempeñan un papel indispensable en la transmisión de esta antigua sabiduría de generación en generación, sino que también sirven de guías en nuestro viaje hacia la autorrealización al recordarnos por qué empezamos a practicar en primer lugar. Tanto si acaba de empezar como si ya lleva muchos años practicando Kriya Yoga, ¡nunca subestime el profundo impacto que su maestro puede tener en su vida!

Relatos de yoguis que han alcanzado el samadhi

Hay muchos relatos de yoguis que han alcanzado el samadhi, o absorción completa en lo divino. En este estado, afirman sentir una profunda sensación de paz, dicha y unidad con todo lo que es. También suelen experimentar profundas percepciones de la naturaleza de la realidad y adquieren una mayor comprensión del universo y de nuestro lugar en él.

Yoga Sutras de Patanjali

Uno de los relatos más famosos sobre el samadhi procede de los Yoga Sutras de Patanjali, que es uno de los textos más importantes sobre yoga y meditación. En este texto, Patanjali describe ocho etapas del yoga, conocidas como el ashtanga, o camino de las "ocho extremidades". La etapa final es el samadhi, que describe como "la fusión de la conciencia con el objeto de meditación".

Patanjali continúa diciendo que en este estado se produce una cesación completa del proceso de pensamiento y una absorción total en lo divino. Esta experiencia es tan dichosa y pacífica que a menudo se compara con la muerte, ya que el yogui se libera temporalmente del ciclo de nacimiento y renacimiento. Sin embargo, a diferencia de la muerte, que es permanente, el samadhi es solo temporal. El yogui vuelve finalmente a un estado normal de conciencia.

Swami Vivekananda

Otro relato muy conocido sobre el samadhi procede de Swami Vivekananda, una de las figuras más influyentes en la difusión del hinduismo y el yoga en Occidente. En su autobiografía, describe una experiencia de samadhi que tuvo mientras meditaba a orillas del río Ganges.

Escribe que se sintió "embargado por el deseo de conocer a Dios" y pronto se encontró en un estado de completa absorción. En este estado, dice que perdió todo sentido del tiempo y del espacio y sintió una sensación indescriptible de paz y dicha. También tuvo una visión de la madre divina, a la que describió como "lo más hermoso que he visto nunca".

Tras salir de su meditación, Vivekananda dice que sintió "una nueva luz que amanecía en mi alma". También sintió un profundo sentimiento de amor y compasión por todos los seres y supo que había sido transformado por su experiencia.

Ramana Maharshi

Uno de los santos indios más famosos del siglo XX fue Ramana Maharshi, conocido por su profunda visión de la naturaleza de la realidad. En su autobiografía, describe una experiencia de samadhi que le ocurrió cuando era solo un niño.

Escribe que estaba sentado en el jardín de su padre cuando de repente tuvo la visión de una terrorífica serpiente negra. Esta visión le hizo sentir un miedo intenso y empezó a huir de la serpiente. Sin embargo, por muy rápido que corriera, la serpiente siempre parecía estar justo detrás de él.

Finalmente, llegó a un acantilado demasiado empinado para escalarlo, y supo que la serpiente le alcanzaría y le mataría. En ese momento de desesperación, tuvo la repentina percepción de que no había nada que temer, y se entregó a la serpiente. En ese momento, dice, "me perdí a mí mismo. Me olvidé de mí mismo por completo".

Después de esta experiencia, Ramana Maharshi dice que sintió una profunda sensación de paz y dicha. También tuvo una profunda comprensión de la naturaleza de la realidad, y supo que el yo no se limita al cuerpo físico.

Otros relatos

Existen muchos otros relatos de yoguis que han alcanzado el samadhi, entre ellos los de Sri Ramakrishna, Paramahansa Yogananda y Swami Sivananda. Todos estos yoguis describen experiencias similares de profunda paz, dicha y unidad con lo divino. Aunque las experiencias de estos yoguis puedan parecer extraordinarias, cualquiera puede alcanzar el samadhi. Con una práctica regular, cualquiera puede aprovechar este pozo infinito de paz y dicha que yace dentro de todos nosotros.

El Kriya Yoga es una práctica poderosa y transformadora que se ha utilizado durante miles de años para ayudar a los buscadores a entrar en contacto directo con lo divino. El Kriya Yoga pretende ir más allá del ego y experimentar la verdadera libertad y dicha a través del desarrollo del samadhi, o absorción meditativa profunda. A medida que se avanza por las etapas del Kriya Yoga, se puede empezar a despertar la kundalini, una energía reprimida por el ego y que yace latente en la base de la columna vertebral. Con el tiempo, este estado elevado de conciencia puede llevar a uno a un estado más despierto conocido como iluminación o despertar de la kundalini. Tanto si es nuevo en el Kriya Yoga como si lleva años estudiándolo, esta práctica ancestral ofrece innumerables perspectivas, retos y recompensas a lo largo de su camino espiritual.

Capítulo 4: Prepararse para el camino del Kriya

Cuando se trata de practicar Kriya Yoga, deben darse ciertos prerrequisitos y pasos para alcanzar el éxito. En primer lugar, debe tener una buena comprensión de los principios básicos del yoga, como la concentración y la atención plena. Después, debe tener la fuerza física y la flexibilidad necesarias para realizar las diversas posturas y técnicas de meditación que implica esta práctica. Por último, también debe tener la mentalidad y la actitud adecuadas, con una mente abierta y consciente de lo que le rodea.

La atención, la concentración y la conciencia son esenciales para prepararse para la Kriya[10]

Por todas estas razones, hacer Kriya Yoga requiere cierta preparación previa antes de comenzar su viaje. Con compromiso y paciencia, podrá cosechar muchos beneficios de este antiguo arte y encontrar una mayor paz en su interior. Este capítulo se centrará en los dos primeros miembros del yoga, los cinco Yamas y Niyamas. Exploraremos qué son, cómo pueden ayudarle en su práctica de Kriya Yoga y cómo incorporarlos a su vida diaria.

También repasaremos las seis Kriyas, o técnicas de limpieza, que son esenciales para esta práctica. Comprender y seguir estas pautas le permitirá prepararse para una experiencia exitosa y satisfactoria con el Kriya Yoga.

Los Cinco Yamas

Los Cinco Yamas son un conjunto de principios que forman la base de la práctica del yoga, guiando a los yoguis a través de su viaje de autodescubrimiento y paz interior. El primero de estos principios se denomina ahimsa, o no violencia. Este concepto anima a los yoguis a actuar con compasión en todos los aspectos de su vida, tratando a todos los seres humanos y animales con respeto y amabilidad. Otro yama es asteya, o no robar, que insta a los yoguis a ser conscientes de cómo emplean su tiempo y sus recursos. Otro principio crucial es satya, o veracidad, que subraya la importancia de la integridad y la honestidad en el trato con los demás. Estos tres primeros yamas nos ayudan a cultivar la bondad y la compasión en nosotros mismos y en nuestras relaciones con los demás.

Los dos yamas siguientes, sin embargo, adoptan un enfoque ligeramente distinto al centrarse en nuestra relación con nosotros mismos más que con los demás. Brahmacharya es el yama de la moderación y la contención en las propias acciones, mientras que aparigraha trata de soltar el apego a las cosas materiales. Introducir el equilibrio en nuestras agitadas vidas puede ser todo un reto, pero tanto brahmacharya como aparigraha pueden ayudarnos a vivir con más determinación al permitirnos centrar nuestra atención en lo que más importa. Tanto si nos relacionamos con los demás como si exploramos nuestro interior, los Cinco Yamas proporcionan una hoja de ruta para cultivar la atención plena y la presencia en todos los aspectos de la vida. Eso los convierte en herramientas verdaderamente inestimables para cualquiera que se encuentre en el camino hacia una mayor felicidad y bienestar.

1. Ahimsa - No violencia

Ahimsa, o no violencia, es un principio central de muchas de las principales religiones y filosofías del mundo. Este concepto se refiere a la idea de que dañar a los demás de cualquier forma, ya sea física o emocionalmente, es inmoral y poco ético. Puede aplicarse tanto a nivel individual como social, animando a la gente a practicar el civismo y el respeto mutuo. Hay muchas razones por las que practicar la ahimsa puede ser beneficioso tanto para los individuos como para la sociedad en su conjunto. Por un lado, el comportamiento violento a menudo puede acarrear consecuencias negativas tanto para el agresor como para sus víctimas, como daños físicos, traumas mentales y estigma social. Además, la violencia suele crear una mayor animadversión entre grupos de personas, lo que conduce a más conflictos y disturbios. Al elegir practicar la ahimsa en todos los ámbitos de la vida, podemos ayudar a construir una sociedad más pacífica para todos.

2. Satya - Veracidad

Satya se refiere a la virtud de la veracidad y es uno de los principios propugnados en la antigua filosofía india. Este concepto se considera especialmente importante en el yoga y la meditación, ya que se cree que la honestidad y la integridad son componentes clave de la evolución espiritual. Muchos practicantes creen que practicar Satya puede ayudar a conseguir una paz y armonía duraderas en uno mismo. Tanto si es un yogui como si es simplemente alguien que valora la integridad, la práctica de Satya puede ayudarle a vivir su vida de forma más honesta y auténtica. Al esforzarse por mantenerse siempre fiel a sí mismo y a sus valores, podrá disfrutar de una mayor claridad y propósito en su camino hacia el crecimiento personal. Si busca paz, autenticidad y progreso en su viaje, déjese guiar por Satya.

3. Asteya - No robar

Asteya es uno de los yamas, o pautas éticas, esbozadas por el antiguo sabio Patanjali en sus yoga sutras. El término asteya se traduce como "no robar" y se refiere a un profundo respeto por la propiedad ajena. Esto incluye los objetos físicos y las cosas intangibles, como las ideas y el tiempo. Practicar asteya requiere que demos a los demás el crédito que les corresponde y nos abstengamos de tomar sin permiso. También nos anima a ser conscientes de nuestra forma de hablar, nuestros pensamientos y nuestras acciones y a asegurarnos de que no dañan ni violan los derechos de los demás. Cultivando la virtud de no robar, podemos crear un mundo más justo y armonioso.

4. Brahmacharya - Continencia sexual

Brahmacharya, o continencia sexual, es una parte fundamental de muchas tradiciones espirituales y religiosas de todo el mundo. Este principio insta a los individuos a ejercer moderación y disciplina en sus prácticas sexuales, a menudo absteniéndose por completo de la actividad sexual o promoviendo el celibato como ideal. Según los defensores de esta práctica, abstenerse de la actividad sexual aporta una serie de beneficios mentales y físicos, como la reducción de los niveles de estrés, la mejora de la atención y la concentración, y una mayor vitalidad y energía.

A un nivel más profundo, la práctica del brahmacharya también puede verse como una expresión de nuestro yo superior. Al canalizar nuestras energías creativas hacia búsquedas nobles en lugar de meros placeres físicos, podemos alinearnos más plenamente con nuestra naturaleza espiritual intrínseca. Así, para quienes buscan crecer espiritualmente de esta manera, el brahmacharya representa una poderosa herramienta para profundizar en ese viaje.

5. Aparigraha - No posesividad

En el núcleo de la filosofía del yoga, los yamas pretenden ayudar a guiar a los practicantes hacia una vida de equilibrio y virtud. Entre ellos se encuentra aparigraha, o no posesividad, que nos instruye para vivir con sencillez y evitar la codicia y el materialismo. Practicar el aparigraha implica desprendernos de lo que apreciamos, ya sean objetos o personas. Encontramos mayor paz y libertad al aceptar esta pérdida sin lucha ni resentimiento.

Además, rechazar el impulso de amasar riquezas y poseer solo lo que necesitamos alivia nuestro nivel general de estrés al reducir el número de posesiones que hay que gestionar. De este modo, el aparigraha es una poderosa herramienta para vivir de forma consciente y libre de apegos. Con la práctica, puede ayudar a los yoguis a alcanzar la verdadera satisfacción liberándoles de su dependencia de las cosas mundanas. Suéltese, libérese de lo que no siempre puede controlar y abrace hoy mismo el poder de la no posesividad.

Los Cinco Niyamas

Los Cinco Niyamas son un componente clave de la práctica del yoga y constituyen la base de nuestro crecimiento y desarrollo espiritual. Cada

Niyama tiene su propio significado y propósito, pero todos están estrechamente relacionados entre sí. Algunos estudiosos se refieren a ellos colectivamente como las "observancias espirituales", dado que nos ayudan a cultivar cualidades positivas como la atención plena, la pureza de pensamiento, la autodisciplina, la satisfacción y mucho más.

Tanto si es nuevo en el yoga como si lleva años practicándolo, es vital tener una comprensión profunda de los Cinco Niyamas para abrazar plenamente su poder transformador en su vida. Una vez que haya logrado esa comprensión, el siguiente paso es poner en práctica estos conocimientos mediante una práctica dedicada y esfuerzos sinceros. Cuando nos aplicamos con diligencia, podemos desbloquear el verdadero potencial de estos poderosos principios y disfrutar de innumerables beneficios en nuestro camino hacia el crecimiento y la paz.

1. Saucha - Pureza

Saucha es un concepto esencial en muchas tradiciones filosóficas y espirituales diferentes. En su esencia, saucha se refiere a la idea de pureza, tanto física como espiritual. Practicar saucha significa mantener una sensación de claridad y calma en los pensamientos y el comportamiento y asegurarse de que el entorno está libre de contaminantes y distracciones. Mediante la práctica deliberada, es posible cultivar un estado de pureza mental y emocional que puede beneficiar profundamente el bienestar general. Quizá lo más importante sea que saucha nos recuerda que incluso los actos más pequeños de cuidado personal pueden desempeñar un papel vital en nuestra salud y felicidad generales. Buscando continuamente las cosas que nos aportan alegría y paz mental, podemos crear una vida verdaderamente bella desde dentro hacia fuera.

2. Santosha - Contentamiento

En el corazón de la filosofía yóguica se encuentra el concepto de santosha - o contentamiento. Este estado mental es esencial para vivir una vida equilibrada y plena, ya que nos permite ver las cosas con claridad sin dejarnos atrapar por las distracciones o las ilusiones de la sociedad moderna. Cuando estamos verdaderamente contentos, nos liberamos del estrés y las preocupaciones que suelen acompañar a nuestras rutinas diarias, y podemos apreciar todos los regalos que nos ofrece la vida. Tanto si realizamos una actividad física como el yoga o simplemente disfrutamos de la belleza de la naturaleza, practicar santosha nos ayuda a encontrar una mayor paz y felicidad en nuestro interior. Si busca una forma de vivir su mejor vida, ¡empiece hoy mismo a cultivar una actitud de satisfacción!

3. Tapasya - Austeridad

Tapasya, o austeridad, es un concepto central en muchas de las principales religiones del mundo. En el hinduismo, por ejemplo, Tapasya se considera una práctica espiritual que permite acercarse a lo divino y alcanzar la iluminación. Puede implicar practicar un autocontrol extremo y/o renunciar a ciertos placeres mundanos, como las posesiones materiales o las relaciones mundanas, como acto de devoción. Aunque las distintas tradiciones religiosas ven la Tapasya de forma diferente, en general se considera una parte importante y transformadora del propio viaje espiritual.

Tanto si sigue una religión concreta como si simplemente busca el consejo de un guía espiritual, la orientación de alguien que ha pasado por un periodo significativo de abnegación puede ayudarle a buscar un significado más profundo y a encontrar su lugar en el mundo. Supongamos que busca cultivar una mayor autodisciplina y explorar sus pensamientos y sentimientos más íntimos. En ese caso, embarcarse en un viaje de Tapasya puede ser justo lo que necesita. Después de todo, ¡nada verdaderamente grande llega sin trabajo duro y sacrificio!

4. Svadhyaya - Estudio del Ser

Svadhyaya es uno de los Yamas, o pautas morales, descritos en las enseñanzas del yoga. Se refiere a la práctica de estudiar y observar el yo, tanto a nivel físico como espiritual. Esto puede abarcarlo todo, desde meditar sobre nuestros pensamientos y sentimientos hasta practicar diversas técnicas de respiración que nos ayuden a ser más conscientes de nuestro cuerpo. Intentando constantemente comprendernos mejor a nosotros mismos, podemos aprender a estar más presentes y atentos en todos los aspectos de nuestra vida.

A través de Svadhyaya, podemos llegar a conocernos a nosotros mismos a un nivel más profundo y descubrir nuevas dimensiones que quizá nunca hubiéramos sabido que existían. Tanto si acaba de iniciar su andadura en el yoga como si es un practicante experimentado, Svadhyaya es una herramienta valiosa para el crecimiento y el autodesarrollo. Tanto si se realiza en soledad como en grupo, esta práctica puede ayudarnos a descubrir nuevas percepciones sobre nosotros mismos y abrir un mundo de posibilidades en nuestro interior.

5. Ishvara Pranidhana - Rendición a Dios

Ishvara Pranidhana, o entrega a Dios, es un concepto clave en muchas tradiciones espirituales. En su nivel más básico, Ishvara Pranidhana implica depositar la confianza en un poder superior y dejar de lado la voluntad propia. Esto puede significar dedicarse por completo a la voluntad de Dios, dejar de lado todas las preocupaciones terrenales y someterse plenamente al propósito divino. Sin embargo, esto no tiene que ser necesariamente una experiencia intensamente religiosa. Por el contrario, puede adoptar distintas formas según la perspectiva de cada uno.

Para algunos, podría implicar simplemente practicar la atención plena y la meditación con regularidad. Para otros, puede implicar volverse hacia el interior y reconectar con el verdadero yo. Independientemente de cómo se entienda el Ishvara Pranidhana, en última instancia se trata de perseguir un sentido de interconexión con todas las cosas y reconocer que todos formamos parte de un mismo todo más amplio.

Las seis kriyas

La antigua práctica del yoga se fundamenta en la creencia de que estamos interconectados con todos los demás seres vivos y que, al centrarnos en profundizar en nuestra conciencia y conexión con el mundo que nos rodea, podemos esforzarnos por convertirnos en individuos más amables, compasivos y equilibrados. Uno de los aspectos clave de esta práctica se conoce como las "seis kriyas", o seis técnicas sagradas de purificación. Estas prácticas incluyen kapalabhati, neti, trataka, nauli, dhoti y vasti.

Cada uno de estos métodos se centra en una parte diferente del cuerpo y sirve a un propósito único para ayudarnos a mantener una salud y un bienestar óptimos. Por ejemplo, kapalabhati promueve una respiración sana limpiando el aire viciado de los pulmones, neti lava los irritantes del interior de las fosas nasales, trataka ayuda a aliviar el estrés llamando la atención sobre los objetos visuales de nuestro entorno, nauli fortalece los músculos abdominales para mejorar el sistema digestivo, dhoti busca equilibrar la energía mediante ejercicios de estiramiento lento y vasti rehidrata órganos vitales como los riñones y la vejiga.

Tanto si es un yogui experimentado como si es nuevo en esta práctica ancestral, incorporar las seis kriyas a su rutina puede ayudarle a obtener una visión más profunda de sí mismo y de su relación con el mundo en general.

1. Kapalabhati - Brillo del cráneo

Kapalabhati es un ejercicio respiratorio tradicional de la antigua práctica del yoga. Se cree que tiene muchos beneficios para el cuerpo, como el aumento de la energía y la mejora de la circulación. El objetivo principal del Kapalabhati es limpiar y purificar el cráneo, y lo consigue utilizando exhalaciones enérgicas para expulsar el aire estancado de los pulmones. Para realizar esta técnica, basta con inspirar profundamente por la nariz y luego exhalar con fuerza por la boca mientras se tensan simultáneamente los músculos del abdomen. A medida que continúe con este patrón, se expulsará cada vez más aire viciado de los pulmones, permitiendo que el oxígeno fresco ocupe su lugar. Esto no solo puede dejarle sintiéndose rejuvenecido y fresco, sino que también ayuda a purificar y vigorizar todo el cuerpo. Si busca una forma fácil de revitalizar su mente y su espíritu, ¡pruebe Kapalabhati hoy mismo!

2. Neti - Limpieza nasal

Neti es un método popular de limpieza nasal que se ha utilizado durante siglos en muchas culturas diferentes. Esta técnica consiste en verter agua o una solución salina en una fosa nasal y dejarla salir por la otra, eliminando el polvo, el polen y otros irritantes. Uno de los principales beneficios del neti es que puede ayudar a aliviar la congestión y mejorar el flujo de aire a través de los senos paranasales, ayudando a aliviar las alergias y otras afecciones respiratorias. Además, algunas investigaciones han demostrado que el uso regular de neti puede ayudar a reforzar su sistema inmunológico, protegiéndole de bacterias y virus no deseados. En general, tanto si busca alivio para las alergias como si solo quiere mantenerse sano todo el año, el neti es una herramienta excelente para mantener sus senos nasales despejados y sanos. Con unas sencillas instrucciones que cualquiera puede seguir en casa, nunca ha sido tan fácil aprovechar todos los beneficios de este remedio tradicional.

Para practicar el neti, necesitará una olla neti u otro dispositivo similar. Llene la olla con agua tibia o una solución salina y, a continuación, incline la cabeza hacia un lado de modo que una fosa nasal apunte hacia abajo, hacia la olla. Vierta lentamente el agua o la solución en esta fosa nasal y deje que salga por la otra. Puede que necesite respirar por la boca durante este proceso. Repita la operación en el otro lado y, al terminar, enjuáguese la boca y la nariz con agua limpia.

3. Trataka - Mirada de vela

Trataka, o contemplación de velas, es una forma de meditación que se ha practicado durante siglos en muchas culturas diferentes. Esta sencilla práctica consiste en mirar fijamente una llama u otro objeto para despejar la mente y centrar su atención en el momento presente. Para empezar, solo tiene que sentarse cómodamente en un lugar tranquilo y contemplar la luz de una vela, centrando toda su atención en la llama parpadeante. Al hacerlo, notará que los pensamientos y las sensaciones del mundo exterior se desvanecen gradualmente de su conciencia. Solo le queda la luz -pura y simple- llenando toda su conciencia. Con el tiempo, practicar el trataka puede ayudarle a cultivar mejor la presencia y la atención plena en su vida cotidiana, haciéndole más consciente de cada momento a medida que transcurre.

4. Nauli - Masaje abdominal

Nauli es un tipo de masaje abdominal que se practica en la India desde hace cientos de años. Esta forma única de masaje consiste en masajear y retorcer los músculos abdominales para aflojarlos, lo que favorece una mejor circulación y mejora la función digestiva. Según los textos antiguos, el nauli era utilizado por yoguis y practicantes espirituales como una forma de limpiar sus órganos internos y aumentar los niveles de energía. Esta práctica sigue utilizándose para obtener beneficios físicos y espirituales. Para realizar el nauli, comience de pie con los pies separados a la anchura de las caderas. Coloque las manos en la parte baja del vientre e inspire profundamente. Al exhalar, contraiga los músculos abdominales al máximo de su capacidad. A continuación, utilizando las manos como guía, mueva estos músculos contraídos de lado a lado en un movimiento de masaje. Por último, retuerza los músculos en el sentido de las agujas del reloj y en sentido contrario. Repita este proceso durante varios minutos, y después libere la contracción y respire profundamente unas cuantas veces.

5. Dhoti - Lavado intestinal

El dhoti, o lavado intestinal, es uno de los remedios tradicionales más populares para tratar muchas afecciones de salud. Además de aliviar problemas como los calambres y el malestar estomacal, el uso regular del dhoti también puede ayudar a mejorar la digestión en general y estimular la función inmunológica general. Esta práctica consiste en tragar un trozo de tela empapado en agua caliente o infusión de hierbas. Una vez que el paño está dentro del estómago, debe permanecer allí durante un breve periodo de tiempo antes de ser retirado. Muchas personas que practican el dhoti dicen que es una forma increíblemente eficaz de limpiar el sistema digestivo y promover la salud intestinal. Sin embargo, para los principiantes, es crucial que un instructor o un practicante experimentado esté presente durante el proceso por motivos de seguridad. Consulte a su médico antes de intentarlo.

6. Vasti - Lavado de la vejiga

El vasti es un tratamiento común para diversas enfermedades y trastornos de la vejiga. Esta antigua práctica consiste en lavar la vejiga con agua para limpiar cualquier impureza que pueda estar presente. Aunque puede no parecer la experiencia más agradable, puede beneficiar enormemente a su salud y bienestar. Consiste en meterse en agua hasta la cintura y dejar que el agua entre por la uretra y llene la vejiga. Una vez que la vejiga está llena, se libera el agua a través de la uretra. Este proceso se repite varias veces hasta que el agua salga clara. El vasti reduce la inflamación y el dolor asociados a las afecciones de la vejiga, al tiempo que ayuda a aumentar la circulación en la zona. Además, este tratamiento puede ayudar a equilibrar los niveles naturales de pH del cuerpo, restableciendo el buen funcionamiento de todos sus sistemas corporales.

Cuando se trata de prepararse para el camino de la kriya, es esencial comprender primero los fundamentos de los cinco yamas y niyamas. Éstos son los cimientos del yoga y proporcionan el marco para una vida sana y armoniosa. Este capítulo le ha proporcionado una visión general de estos conceptos cruciales y consejos sobre cómo incorporarlos a su vida diaria. Antes de pasar a la siguiente sección, tómese un tiempo para reflexionar sobre cómo puede incorporar los yamas y niyamas a su propia vida. ¿Qué cambios puede introducir en su rutina diaria para alinearse con estos principios? ¿Cómo puede aportar más conciencia a sus pensamientos y acciones? Recuerde, el objetivo no es perfeccionar estos conceptos, sino utilizarlos como guía en su viaje hacia el autodescubrimiento.

Capítulo 5: Pranayama: el arte de respirar

Respirar es una función esencial de la vida, pero también es algo que a menudo damos por sentado. Respiramos automáticamente y no le damos mucha importancia, es decir, hasta que empezamos a experimentar falta de aire. Cuando eso ocurre, es un recordatorio de lo importante que es nuestro sistema respiratorio. La antigua práctica del yoga incluye una variedad de ejercicios de control de la respiración conocidos como pranayama. Estos ejercicios pueden mejorar la función pulmonar y aumentar la vitalidad general. También pueden utilizarse como herramienta para controlar el estrés y la ansiedad.

Dominar el arte de la respiración es esencial para alcanzar un estado de paz interior[11]

¿Qué es el pranayama?

El pranayama es una rama del yoga que se centra en el control de la respiración. El objetivo del pranayama es ayudar a los practicantes a alcanzar un estado de calma y paz interior. La palabra pranayama deriva de dos palabras sánscritas, "prana", que significa fuerza vital o energía, y "ayama", que significa control o regulación. Se pueden utilizar muchas técnicas diferentes para practicar el pranayama. Un método popular es la respiración por fosas nasales alternas, que consiste en inhalar y exhalar por cada fosa nasal sucesivamente. Se dice que este tipo de respiración ayuda a equilibrar los hemisferios izquierdo y derecho del cerebro, promoviendo una sensación de calma y claridad. Otros beneficios del pranayama son la mejora de la función respiratoria, la reducción del estrés y la ansiedad, y el aumento de la atención y la concentración. Recuerde que la clave para cosechar los beneficios del pranayama es la práctica regular. Como cualquier habilidad, se necesita tiempo y esfuerzo para dominarla. Con paciencia y perseverancia, estará en camino de alcanzar la paz interior en poco tiempo.

El ciclo del pranayama consta de tres fases, puraka (inhalación), kumbhaka (retención) y rechaka (exhalación). Cada fase desempeña un papel importante en la práctica general del pranayama, y cada una puede dividirse a su vez en subfases.

- Puraka, o inhalación, es la primera fase del ciclo del pranayama. El propósito de puraka es llenar los pulmones de aire fresco, proporcionando al cuerpo oxígeno y energía. Durante puraka, la respiración se inhala lenta y deliberadamente por la nariz, llenando los pulmones de abajo arriba. Una vez que los pulmones están llenos, se retiene brevemente la respiración antes de pasar a kumbhaka.

- Kumbhaka, o retención, es la segunda fase del pranayama. Durante el kumbhaka, la respiración se retiene en los pulmones, lo que permite al cuerpo absorber más oxígeno. El kumbhaka puede dividirse a su vez en dos subfases: antara kumbhaka, que se realiza con la glotis cerrada, y bahya kumbhaka, que se realiza con la glotis abierta. Ambos tipos de kumbhaka son importantes por diferentes razones. El antara kumbhaka ayuda a acumular calor interno, mientras que el bahya kumbhaka enfría y refresca el cuerpo.

- Rechaka, o exhalación, es la tercera y última fase del pranayama. El propósito de rechaka es expulsar todo el aire de los pulmones para que puedan llenarse de aire fresco durante Puraka. La rechaka debe hacerse lenta y deliberadamente por la nariz, vaciando los pulmones de arriba abajo. Una vez exhalado todo el aire, la Puraka puede comenzar de nuevo.

¿Qué es la respiración prana?

La respiración es una parte importante de nuestra vida cotidiana. La necesitamos para vivir y, sin embargo, a menudo la damos por sentada. Sin embargo, hay muchas formas diferentes de respirar, y cada una tiene sus propios beneficios. Una forma de mejorar su respiración es practicar la respiración prana, también conocida como respiración abdominal o respiración del vientre. Este tipo de respiración aumenta el flujo de prana, o energía vital, por todo el cuerpo. Este tipo de respiración favorece el intercambio total de oxígeno al expandir el diafragma y los pulmones. También masajea los órganos internos y ayuda a liberar la tensión corporal. Mejora la claridad mental y la concentración y aumenta los niveles de energía física. También se cree que la respiración prana ayuda a desintoxicar el cuerpo y promueve una sensación de calma y bienestar.

Para practicar la respiración prana, siéntese con la columna recta y coloque una mano sobre el vientre. Inspire lentamente por la nariz, dejando que el vientre se expanda. Espire completamente por la boca. Repita esto durante unos minutos, dejando que su cuerpo se relaje más profundamente con cada inhalación y exhalación. Puede cerrar los ojos y concentrarse en la sensación de su respiración entrando y saliendo de su cuerpo. Cuando termine, siéntese unos instantes y note cómo se siente. La mayoría de la gente encuentra que la respiración prana es calmante y vigorizante, y puede realizarse en cualquier lugar y en cualquier momento. Pruébela la próxima vez que se sienta estresado o necesite un rápido impulso de energía.

¿Por qué es importante dominar el pranayama?

El Kriya Yoga y la meditación son dos prácticas espirituales que se dice que conducen a la iluminación. Para alcanzar el nivel más alto de desarrollo espiritual, se dice que hay que dominar el pranayam, que es el control de la respiración. Se dice que el pranayam es la llave que abre la puerta a estados superiores de conciencia. Cuando se realiza correctamente, se dice que ayuda a purificar la mente y el cuerpo y promueve la salud física y mental. Existen muchos tipos diferentes de pranayam, cada uno con sus propios beneficios. Por ejemplo, el kapalbhati pranayam (aliento de fuego) limpia el sistema respiratorio, mientras que el bhastrika pranayam (aliento de fuelle) mejora la circulación y aumenta los niveles de energía. Dominar el pranayam requiere tiempo y práctica, pero se dice que quienes lo consiguen cosechan grandes recompensas.

¿Cuáles son los beneficios del pranayama para la salud?

1. Función cognitiva

Se ha demostrado que el yoga y la meditación son beneficiosos para la salud en general, pero ¿sabía que los ejercicios específicos de respiración, conocidos como pranayama, también pueden mejorar la función cognitiva? El pranayama puede mejorar la memoria, la capacidad de atención y el tiempo de reacción. Además, el pranayama reduce los niveles de estrés y mejora el bienestar emocional. Aunque todavía no se conoce del todo el mecanismo exacto, se cree que el pranayama actúa aumentando el suministro de oxígeno al cerebro. Si busca una forma de aumentar su capacidad cerebral, pruebe el pranayama.

2. Capacidad pulmonar

Existen muchos tipos diferentes de pranayama, pero todos implican de alguna manera el control de la respiración. Los practicantes creen que el pranayama puede tener numerosos beneficios, como el aumento de la capacidad pulmonar y la mejora de la circulación. Además, se dice que el pranayama es beneficioso para las personas con asma y otros trastornos respiratorios. Aunque no hay pruebas científicas que respalden estas afirmaciones, muchas personas siguen practicando el pranayama con regularidad para mejorar su salud y bienestar general.

3. Dejar de fumar

El pranayama tiene muchos beneficios, entre ellos la mejora de la función pulmonar y el aumento de la ingesta de oxígeno. Además, se ha demostrado que ayuda a las personas a dejar de fumar y a recuperarse de los daños relacionados con el tabaco. Ayuda a limpiar los pulmones y a mejorar la función pulmonar. También aumenta la ingesta de oxígeno y mejora la circulación. Además, el pranayam reduce el estrés y la ansiedad, ambos desencadenantes habituales del tabaquismo. Por último, el pranayam puede ayudar a reparar las células y los tejidos dañados de los pulmones, lo que lo convierte en una herramienta eficaz para recuperarse de los daños relacionados con el tabaquismo.

4. Atención plena

Se dice que el pranayam es especialmente beneficioso para la atención plena. Consiste en una serie de ejercicios respiratorios que ayudan a controlar la respiración. Esto, a su vez, se dice que ayuda a controlar la mente. En nuestro mundo moderno y acelerado, puede ser fácil quedar atrapado en nuestros pensamientos y olvidarnos de prestar atención al momento presente. Al centrarnos en nuestra respiración, podemos aprender a centrar nuestra atención en el presente y dejar de lado las distracciones. Esto puede conducir a un estado mental más atento y tranquilo. Por lo tanto, puede merecer la pena incorporar algo de pranayam a su rutina diaria si está buscando formas de mejorar su atención plena y su salud en general.

5. Regulación del estrés y las emociones

El pranayam es una antigua práctica utilizada durante siglos para ayudar a promover el bienestar físico y mental. Aunque tiene muchos beneficios, uno de los más conocidos es su capacidad para ayudar a regular el estrés y las emociones. Cuando estamos sometidos a estrés, nuestro cuerpo produce hormonas que pueden afectar negativamente a nuestra salud. Con el tiempo, el estrés crónico puede provocar graves problemas de salud como ansiedad, depresión, enfermedades cardiacas y mucho más. Practicando pranayam con regularidad, podemos mantener bajo control nuestros niveles de estrés y prevenir los efectos negativos sobre la salud.

Además, se ha demostrado que el pranayam ayuda a controlar emociones como la ira y la frustración. Al aprender a controlar nuestra respiración, podemos controlar mejor nuestras emociones y reaccionar de forma más positiva ante situaciones estresantes. En general, los beneficios del pranayam son numerosos y pueden afectar profundamente a su salud y bienestar.

6. Trastornos psicosomáticos

El pranayam es una antigua técnica respiratoria que se practica desde hace siglos en la India. El pranayam tiene muchos beneficios, como reducir el estrés, mejorar la circulación y ayudar a atajar los trastornos psicosomáticos. Además, el pranayam es eficaz en el tratamiento de trastornos psicosomáticos como las migrañas, las úlceras y la psoriasis.

Tipos de pranayama

Existen muchos tipos diferentes de pranayama, pero a grandes rasgos pueden dividirse en dos categorías: respiraciones purificadoras y energizantes. Las respiraciones purificadoras están diseñadas para limpiar el cuerpo y eliminar toxinas. Normalmente implican exhalar durante más tiempo del que se inhala. Las respiraciones energizantes están diseñadas para aumentar los niveles de energía y promover el estado de alerta. Normalmente implican inhalar durante más tiempo que exhalar. Ambos tipos de pranayama pueden ser beneficiosos, pero es importante empezar despacio y aumentar gradualmente. Si es nuevo en el pranayama, lo mejor es practicarlo bajo la guía de un profesor experimentado. Una vez que domine lo básico, podrá practicarlo en casa siempre que necesite un pequeño impulso de energía o calma.

Técnicas de Kriya Pranayama

Kapal Bhati Pranayama

El kapalbhati pranayama es un tipo de ejercicio respiratorio que tiene su origen en el yoga. También se conoce como respiración con el cráneo brillante o respiración a través de la frente. El nombre procede de las palabras sánscritas "kapala", que significa cráneo, y "bhati", que significa luz. Así, el nombre de la práctica significa literalmente "respiración brillante del cráneo". A menudo se utiliza como ejercicio preparatorio para otras prácticas de yoga, como la meditación y el pranayama. Se dice que este pranayama limpia los pulmones y los senos paranasales, mejora la concentración y la memoria y reduce el estrés y la ansiedad. También se dice que beneficia al hígado, los riñones y el sistema digestivo.

Pasos:
1. Siéntese en una posición cómoda con la columna recta.
2. Coloque las manos sobre las rodillas con las palmas hacia arriba. Cierre los ojos y respire profundamente por la nariz.
3. A continuación, aspire el vientre, de modo que el ombligo se desplace hacia la columna vertebral.
4. Se inhala profundamente y luego se inicia la exhalación expulsando todo el aire por la nariz mientras se lleva el ombligo hacia la columna vertebral.

5. Al exhalar, contraiga con fuerza los músculos abdominales y exhale por la nariz con un sonido sibilante.
6. Continúe con esta respiración rápida durante 10-15 minutos. Después, exhale lentamente y relaje el cuerpo.

Puede practicar este pranayama una o dos veces al día.

Se dice que el pranayama Kapal Bhati tiene muchos beneficios, como la mejora de la función respiratoria, el aumento de los niveles de energía, la reducción de los niveles de estrés y la mejora de la digestión. Algunas personas también creen que puede ayudar a mejorar la claridad mental y la concentración. Una técnica inadecuada puede provocar mareos, náuseas o hiperventilación.

Kapal y Karna Randhra Dhauti

Kapal randhra dhauti kriya es una técnica yóguica de limpieza utilizada para limpiar los senos paranasales y mejorar la función cerebral. El nombre procede de las palabras sánscritas kapala, que significa "cráneo", y randhra, que significa "agujero". Dhauti significa "limpiar". Para realizar esta kriya, siéntese cómodamente con los ojos cerrados. Kapal randhra dhauti kriya es una técnica sencilla pero eficaz que puede realizarse a diario para limpiar los senos paranasales y mejorar la función cerebral. Se dice que esta práctica ayuda a tratar afecciones como alergias, resfriados, infecciones sinusales y dolores de cabeza.

Pasos:

1. Siéntese en una posición cómoda con la columna recta.
2. Apoye los codos en las rodillas y cierre los ojos.
3. Con el pulgar y el índice, masajee suavemente las comisuras internas de los ojos.
4. Presione suavemente las sienes con los dedos pulgar e índice mientras se toca ligeramente el cráneo con los otros dedos.
5. A continuación, presione firmemente el entrecejo con el dedo corazón.
6. Por último, ponga las manos sobre la boca y la nariz e inhale profundamente por la nariz. Exhale lentamente por la boca. Repita este proceso durante varios minutos.

Kapal y Karna Randhra Dhauti pueden realizarse una o dos veces al día para obtener los mejores resultados.

Respiración del perro

La Kriya de la Respiración del Perro es un ejercicio respiratorio del que se dice que es beneficioso tanto para la salud física como mental. La premisa básica de la kriya es que respirando profunda y lentamente se puede ayudar a mejorar el funcionamiento de los órganos internos y calmar la mente. Hay varias formas diferentes de realizar la kriya de la respiración del perro, pero todas implican inhalar y exhalar de forma lenta y controlada. A algunas personas les puede resultar útil practicar la kriya durante varios minutos al día, mientras que otras quizá solo necesiten hacerla de vez en cuando. Independientemente de la frecuencia con la que se realice, la kriya de la respiración del perro ofrece diversos beneficios, como la mejora de la circulación, la reducción de los niveles de estrés y el aumento de la claridad mental. Si se realiza correctamente, puede mejorar la capacidad pulmonar y la función respiratoria, además de reducir el estrés y favorecer la relajación. He aquí cómo realizarla:

Pasos:

1. Siéntese en una posición cómoda con la columna recta y los ojos cerrados.
2. Coloque las manos sobre los muslos, con las palmas hacia abajo.
3. Respire profundamente por la nariz y luego exhale con fuerza por la boca. Haga un sonido de "ahh" al exhalar.
4. Continúe respirando de esta manera durante varias rondas, después vuelva a la respiración normal.
5. Para terminar, respire profundamente unas cuantas veces y sienta cómo la energía de la kriya circula por su cuerpo.

PET- Técnica de energización pránica

La PET, o Técnica de Energización Pránica, es un método curativo sencillo pero eficaz que cualquiera puede aprender. Consiste en utilizar las manos para atraer la energía vital universal, o prana, al cuerpo. Puede hacerse para uno mismo o para los demás y se dice que es útil para muchas dolencias físicas y emocionales. La TEP se basa en la creencia de que una acumulación de energía negativa en el cuerpo causa todas las enfermedades. Al limpiar esta energía e infundir al cuerpo prana fresco, la PET puede promover la curación. Se dice que la técnica es especialmente beneficiosa para las afecciones crónicas o difíciles de tratar. Aunque la PET no es una cura para todo, puede ser un complemento útil para cualquier kit de herramientas curativas.

La TEP, o Técnica de Energización Pránica, es una forma sencilla pero eficaz de limpiar y energizar el cuerpo. Consiste en utilizar las manos para masajear ligeramente la cabeza y extraer energía del entorno. Se dice que el proceso despeja la energía negativa y favorece la curación. He aquí una guía paso a paso para realizar el TEP:

Pasos:
1. Empiece colocándose en una posición cómoda con los pies separados a la altura de los hombros. Coloque las palmas de las manos en la parte inferior del abdomen, justo debajo del ombligo.
2. Inspire profundamente y exhale lentamente, dejando que su estómago se expanda al exhalar.
3. Mientras inhala de nuevo, visualice una bola de luz blanca formándose en sus manos.
4. Una vez que la bola de luz sea brillante y fuerte, empiece a masajearse la cabeza con las palmas de las manos, con suaves movimientos circulares. Empiece por la frente y descienda hacia las sienes y la nuca. Dedique más tiempo a las zonas que sienta tensas o hinchadas.
5. Continúe masajeando durante unos dos minutos, después libere lentamente la bola de luz de vuelta al ambiente. Repita según sea necesario.

Respiración del conejo

Durante siglos, la meditación se ha utilizado para promover el bienestar mental y físico. Si se siente estresado, puede probar el ejercicio de respiración del conejo. Este tipo de meditación se basa en las enseñanzas del monje budista Thich Nhat Hanh, y puede ayudarle a concentrarse y calmar la mente. En los últimos años, esta técnica ha ganado popularidad por su capacidad para promover la relajación y aliviar la ansiedad. La respiración del conejo es sencilla pero eficaz y puede realizarse en cualquier lugar y en cualquier momento.

Pasos:
1. Simplemente siéntese en una posición cómoda y cierre los ojos.
2. A continuación, inspire profundamente por la nariz y espire por la boca.
3. Al exhalar, imagine que su estómago es un globo lleno de aire.

4. Continúe respirando profunda y lentamente, permitiendo que su estómago se expanda con cada respiración.
5. Al exhalar, imagine que todo el estrés y la tensión abandonan su cuerpo.
6. Continúe con esta respiración profunda durante varios minutos o hasta que se sienta tranquilo y relajado.

La respiración de conejo es una forma excelente de reducir el estrés y la ansiedad, y también puede utilizarse como herramienta para conciliar el sueño por la noche. Pruébela la próxima vez que necesite un descanso del ajetreo de la vida.

Pranayama Bhastrika

El pranayama bhastrika es un ejercicio de respiración del yoga que consiste en exhalar e inhalar con fuerza por la nariz. El nombre proviene de las palabras sánscritas bhasta, que significa "fuelle", e ika, que significa "pequeño". El pranayama bhastrika también se llama a veces "respiración de fuelle". Se dice que el pranayama bhastrika despeja los senos nasales, mejora la función pulmonar y aumenta los niveles de energía. También se cree que ayuda a aliviar la ansiedad y el estrés. En general, el pranayama bhastrika se considera seguro para las personas sanas. Sin embargo, puede no ser adecuado para personas con presión arterial alta o afecciones cardíacas.

Pasos:

1. Siéntese en una posición cómoda con la columna recta. Coloque las manos sobre las rodillas con las palmas hacia abajo.
2. Cierre los ojos y respire profundamente unas cuantas veces.
3. A continuación, comience a exhalar e inhalar con fuerza por la nariz.
4. Continúe durante 30 segundos a 1 minuto.
5. A continuación puede volver a la respiración normal y abrir los ojos.

Pranayama Nadi Shodhana

Los nadis son canales de energía del cuerpo por los que fluye el prana o energía vital. Shodhana significa purificación. Por lo tanto, el Nadi Shodhana Pranayama es un ejercicio respiratorio que purifica los canales de energía del cuerpo. Hay tres nadis, o canales de energía, principales en el cuerpo: ida, pingala y sushumna. Ida y pingala discurren a ambos lados de la columna vertebral y corresponden a las fosas nasales izquierda y derecha. Sushumna discurre por el centro de la columna vertebral y se asocia con el tercer ojo o chakra Ajna. El Nadi Shodhana Pranayama alterna la respiración entre las fosas nasales izquierda y derecha para purificar y equilibrar el flujo energético del cuerpo.

Pasos:

1. Siéntese en una posición cómoda con la columna recta.
2. Apoye la mano izquierda sobre la rodilla izquierda en Jnana Mudra (dedo índice y pulgar tocándose) con la mano derecha en Vishnu Mudra (pulgar derecho apoyado sobre el dedo índice izquierdo).
3. Cierre la fosa nasal derecha con el pulgar derecho e inspire profundamente por la fosa nasal izquierda.
4. A continuación, cierre la fosa nasal izquierda con el dedo anular y exhale lentamente por la fosa nasal derecha.
5. Inhale de nuevo por la fosa nasal derecha y luego ciérrela con el pulgar.
6. 6. Exhale por la fosa nasal izquierda.
7. Esto completa un ciclo de Nadi Shodhana Pranayama. Continúe durante 5-10 minutos, alternando la respiración entre las fosas nasales izquierda y derecha.

Ahora que lo sabe todo sobre el pranayama y cómo puede complementar a la kriya, ¡es hora de empezar a practicar! Domine esta técnica de respiración y pronto verá los beneficios por sí mismo. Con una práctica regular, notará una mejora en sus niveles de energía, concentración y bienestar general.

Capítulo 6: Mudras y mantras

El Kriya Yoga es un sistema de meditación que utiliza varios mudras, gestos con las manos y mantras para ayudar a los practicantes a profundizar en su práctica. Los mudras son una parte esencial del Kriya Yoga porque ayudan a canalizar el flujo de energía en el cuerpo y pueden dirigirse a zonas específicas para su curación. Además, a menudo se recitan mantras para ayudar a centrar la mente y conectar con lo divino. Este capítulo explorará los beneficios de los mudras y los mantras y proporcionará instrucciones para algunos de los mudras y mantras más comunes utilizados en el Kriya Yoga.

El uso de gestos y la recitación estimulan el cerebro para la meditación[12]

Mudras

Los mudras son un tipo de gestos con las manos que se utilizan en muchos tipos diferentes de prácticas espirituales y religiosas. Se cree que estos gestos tienen poderes especiales. Estimulan zonas concretas del cerebro y facilitan diversos procesos mentales y físicos. En muchos casos, los mudras se utilizan junto con la meditación o los ejercicios de respiración para crear una sensación de equilibrio y bienestar. Dependiendo de la práctica específica, los mudras pueden realizarse con las manos hacia arriba, hacia abajo o en otras posiciones. Además de practicar los mudras individualmente, también pueden incorporarse a otras actividades, como el yoga o la danza. En general, los mudras ofrecen una forma única y poderosa de conectar con el propio interior y alcanzar mayores niveles de salud y bienestar.

Beneficios de los mudras

Los mudras son una práctica única y poderosa que puede tener muchos beneficios para el cuerpo, la mente y el espíritu. Estos sencillos gestos con las manos actúan activando puntos específicos del cuerpo, lo que puede ayudar a estimular los procesos de curación y mejorar la salud en general. Además, los mudras ayudan a cultivar la atención plena y a reducir el estrés, fomentando una mayor claridad mental y paz de espíritu. Ya se utilicen como parte de la meditación o simplemente se realicen a lo largo del día según las necesidades, los mudras ofrecen una valiosa herramienta para cultivar el bienestar a todos los niveles. He aquí algunos de los beneficios más comunes asociados a la práctica de los mudras:

A. Mejora de la circulación

Controlar el flujo de energía a través del cuerpo es esencial para gozar de buena salud. Muchas personas experimentan problemas de circulación, que pueden provocar dolor, fatiga e incluso restringir el flujo sanguíneo al corazón y al cerebro. Una forma eficaz de mejorar la circulación es a través de los mudras, que pueden ayudar a estimular determinadas zonas del cuerpo. Estas técnicas ancestrales utilizan una combinación de presión, movimiento y enfoque para estimular diferentes vías de energía por todo el cuerpo. Esto favorece una circulación saludable al abrir los canales bloqueados y despejar la energía estancada. Además, los mudras son fáciles de incorporar a la vida cotidiana, lo que los convierte en una forma práctica y eficaz de promover una mejor circulación y el bienestar general.

B. Aumento de los niveles de serotonina

Los mudras son gestos sencillos de las manos que pueden utilizarse para activar determinados centros energéticos del cuerpo. Al centrarnos en ciertos patrones de colocación de los dedos y utilizarlos como una especie de práctica de meditación física, podemos aumentar nuestros niveles de serotonina, una sustancia química responsable de regular el estado de ánimo y los sentimientos de calma y felicidad. Dado que los mudras actúan de forma tan directa sobre nuestro estado mental, son una herramienta muy eficaz para controlar el estrés, la ansiedad y la depresión. Cuando se sienta abrumado en el trabajo o esté lidiando con las frustraciones habituales de la vida diaria, unos minutos dedicados a practicar su mudra favorito pueden ayudarle a elevar su espíritu y restaurar su sensación de paz y equilibrio.

C. Alivio del dolor

Como sabe cualquiera que se enfrente al dolor crónico, puede ser una afección muy desafiante y debilitante. Si ha tenido que lidiar con este tipo de dolor durante mucho tiempo, es posible que haya probado varios medicamentos o terapias en busca de alivio. Un tratamiento alternativo del que quizá no haya oído hablar es la práctica de los mudras. En términos sencillos, los mudras son gestos físicos que se cree que tienen un efecto terapéutico en el cuerpo y la mente. Se cree que estas posiciones de las manos estimulan ciertos puntos del cuerpo y activan el flujo de energía dentro del organismo, lo que puede ayudar a reducir el dolor y la tensión. Aunque se necesita más investigación para confirmar la plena eficacia de estas posiciones de las manos, existen algunas pruebas de que pueden ser una herramienta eficaz para tratar el dolor.

D. Mejora de la digestión

Los mudras son gestos sencillos con las manos que se han utilizado durante siglos en las prácticas de yoga y meditación. Utilizados a menudo para centrar la mente o invocar energías específicas, los mudras pueden ofrecer una serie de beneficios para la salud del cuerpo y la mente. Quizá uno de los beneficios más ignorados de estos fascinantes gestos sea su capacidad para mejorar la digestión. Al activar determinados puntos de presión en las manos, los mudras pueden estimular ciertos órganos y promover una mejor circulación, lo que se traduce en una mejora de la función digestiva. Tanto si es usted un yogui experimentado como si solo busca una forma natural de potenciar su bienestar general, incorporar los mudras a su rutina puede ayudarle a conseguir una mejor salud digestiva y a disfrutar de todos los beneficios que ello conlleva.

E. Dormir mejor

El sueño es esencial para una buena salud, ya que permite a nuestros cuerpos y mentes descansar y recargarse después de un largo día. Para muchas personas, dormir bien puede ser todo un reto. Por suerte, los mudras tienen varios beneficios físicos, como potenciar la función cerebral y aumentar la relajación. Quizá uno de los mudras más conocidos sea el llamado "Gyan mudra". Este mudra consiste en sujetar la punta del pulgar con la punta del dedo índice mientras se mantienen los otros dedos rectos y paralelos entre sí. Muchas personas practican este mudra antes de acostarse para conciliar mejor el sueño, ya que tiene un efecto calmante tanto en el cuerpo como en la mente. Si tiene problemas para dormir por la noche, ¡pruebe a incorporar algunos mudras a su rutina nocturna!

Significado, beneficios e instrucciones de los mudras más comunes

Aunque puedan parecer movimientos sencillos, los mudras pueden ofrecer toda una serie de beneficios físicos y mentales. He aquí algunos de los mudras más comunes y sus beneficios:

A. Mudra de Buda

El mudra de Buda, también conocido como el gesto de la meditación o de otorgar dones, está ampliamente reconocido como uno de los gestos de las manos más importantes y significativos en las prácticas del yoga y el budismo. Según la tradición, este poderoso mudra puede utilizarse para potenciar la claridad mental y la concentración, reducir el estrés y la ansiedad y promover sentimientos de calma y bienestar. También puede ayudar a eliminar obstáculos de nuestro camino y estimular la energía positiva allá donde se dirija.

Para empezar a practicar el mudra de Buda, siéntese cómodamente con las piernas cruzadas y las manos apoyadas suavemente en los muslos. A continuación, junte las puntas de los dedos índices de forma que parezcan un estilizado capullo de loto, una metáfora de la iluminación. A continuación, extienda los dedos corazón de forma que apunten rectos hacia el cielo. Por último, mantenga los demás dedos ligeramente enroscados contra la palma de cada mano.

Aunque existen muchas variaciones diferentes del mudra de Buda, este gesto de la mano debe realizarse siempre con la alineación y la atención adecuadas para lograr todos sus beneficios. Tómese su tiempo para visualizar lo que espera obtener al realizar el mudra de Buda y deje ir cualquier pensamiento negativo que surja durante este proceso. Con una práctica regular, encontrará una mayor satisfacción y paz en su vida diaria y descubrirá nuevas fuentes de inspiración a la hora de enfrentarse a la adversidad o la incertidumbre.

B. Gyan Mudra

El Gyan Mudra es una postura de yoga que se utiliza para obtener beneficios tanto físicos como mentales. Su nombre procede de las palabras sánscritas para "conciencia" y "pulgar", en referencia al contacto entre el pulgar y el dedo índice o corazón. Se ha demostrado que la práctica de esta postura mejora la concentración, regula la respiración y mejora la circulación, además de proporcionar cierta protección contra las enfermedades. Para realizar esta postura, presione suavemente el pulgar contra la punta del dedo índice o medio y manténgalo así de cinco a diez minutos, después repita con el otro brazo. Si es nuevo en el yoga, empiece practicando el Gyan Mudra en intervalos cortos al principio antes de aumentar gradualmente la duración con el tiempo. Con una práctica constante, esta postura puede ayudarle a conseguir una mejor salud y una mayor conciencia tanto de sí mismo como de su entorno.

C. Surya Mudra

El Surya Mudra, también conocido como el Mudra del Sol, es un antiguo gesto de la mano que se ha practicado durante siglos tanto en la tradición yóguica india como en la china. Este mudra consiste en llevar el dedo anular y el pulgar de una mano en forma de anillo, como si se formara un puño, mientras se extienden los otros tres dedos rectos. Los beneficios de este gesto son numerosos, desde la mejora de la digestión y la disminución de los niveles de estrés hasta el aumento de la energía física, una mayor claridad mental e incluso una mayor inmunidad.

Para realizar el Surya Mudra, comience por sentarse cómodamente con la columna vertebral erguida y, a continuación, junte el dedo anular y el pulgar de la mano derecha delante del pecho mientras mantiene los otros tres dedos extendidos y rectos. A continuación, incline ligeramente la cabeza hacia la derecha mientras se concentra en la nariz o en la zona del tercer ojo. Mantenga esta postura durante 5-10 minutos, respirando profunda y conscientemente durante todo el tiempo. A medida que practique el Surya Mudra con regularidad, notará unos niveles de energía más sostenidos y una mayor sensación de calma y claridad mental. Lo mejor de todo es que este elegante gesto puede practicarse en cualquier lugar y en cualquier momento para obtener los máximos resultados.

D. Prana Mudra

El prana mudra, también conocido como el gesto de la energía, es uno de los muchos tipos diferentes de gestos tántricos con las manos que pueden utilizarse para manipular la energía o el prana dentro del cuerpo. El prana mudra se realiza normalmente juntando las puntas de los dedos anular e índice mientras se mantienen los otros tres dedos rectos y relajados. Este mudra se mantiene con ambas manos, normalmente junto con algunas otras modificaciones de las posiciones de las manos. Los beneficios del prana mudra dependen de su aplicación específica, pero en general se cree que tiene un efecto calmante y energizante. También ayuda a superar el estrés y la ansiedad, favorece la circulación y la curación, y mejora el enfoque y la concentración.

Para realizar el prana mudra, empiece por sentarse en una posición cómoda con los hombros caídos y relajados. Extienda los brazos en paralelo al torso, con las palmas hacia abajo. A continuación, doble los dos dedos centrales hacia dentro de forma que las puntas se toquen con fuerza. Por último, conecte la punta del pulgar con la del dedo corazón o el anular. Mantenga esta postura durante 2-3 minutos seguidos mientras inspira y espira profundamente por la nariz.

E. Shankh Mudra

El shankh mudra es una de las formas más eficaces de aumentar su energía, incrementar la claridad mental y mejorar la circulación por todo el cuerpo. Esta sencilla posición de las manos atrae energía hacia ellas, lo que le permite aprovechar los beneficios del prana, o energía vital. Además, la práctica de este mudra puede ayudar a calmar la mente y aliviar el estrés, por lo que es una forma ideal de comenzar o terminar una sesión de meditación.

Para realizar el mudra shankh, simplemente coloque las palmas de las manos juntas de forma que los pulgares se toquen directamente. Asegúrese de que todos los dedos apuntan hacia arriba, con el pulgar encima del índice de ambas manos. Mantenga esta posición durante al menos 30 segundos para empezar a sentir los beneficios de este poderoso mudra. Con la práctica regular, podrá obtener aún más beneficios de este sencillo pero poderoso gesto de la mano. Se sorprenderá de lo enérgico y concentrado que se sentirá después de solo unos minutos.

F. Hakini Mudra

El Hakini Mudra, también conocido como el Sello de la Sabiduría, es una práctica que los yoguis de todo el mundo han utilizado durante miles de años. Este poderoso mudra consiste en juntar las manos y poner en contacto los dedos pulgar, índice y corazón. Se dice que este mudra aporta claridad y sabiduría, abriendo canales de energía espiritual por todo su cuerpo. Además, el Hakini Mudra puede ayudar a desarrollar el enfoque y la concentración al facilitar el flujo de oxígeno y sangre por todo su cerebro. Para realizar este mudra correctamente, debe mantenerlo durante varios minutos seguidos sin distracciones ni descansos. Algunas personas consideran que esta postura potencia la meditación y mejora el bienestar general.

G. Kamal Mudra

El Kamal Mudra es un poderoso gesto de la mano del que se dice que ofrece una serie de beneficios mentales y físicos. También conocido como Sello del Loto, este mudra consiste en cerrar el puño con la mano izquierda y luego extender los dedos hasta tocar la punta del pulgar. De este modo se forma una flor de loto con la punta de los dedos, que se ha asociado con la sabiduría y la claridad mental en diversas culturas y tradiciones. Si practica el Kamal Mudra con regularidad, podrá mejorar su capacidad de concentración y aumentar su resistencia al estrés, lo que le ayudará a sentirse más relajado y tranquilo en cualquier situación.

Además, como este mudra estimula ciertos nervios a lo largo de la palma de la mano, también puede tener un impacto en los niveles de dolor y en los niveles generales de energía. Para empezar, simplemente siéntese cómodamente con las manos apoyadas en el regazo. Cierre la mano izquierda en un puño flojo. Extienda los dedos, de modo que toquen la punta del pulgar. Mantenga esta posición hasta cinco minutos seguidos mientras se concentra en respirar lenta y profundamente. Repítalo tantas veces al día como desee. Con una práctica regular, ¡empezará a notar inmediatamente los beneficios del Kamal Mudra!

Mantras

Los mantras son frases o palabras especiales que utilizamos para ayudar a centrar nuestra mente y traer la paz interior. A menudo asociados con la espiritualidad y la religión, los mantras pueden encontrarse en muchas tradiciones y sistemas de creencias diferentes. Ya sea una palabra repetida en silencio en su cabeza o una frase pronunciada en voz alta, un mantra puede utilizarse en cualquier momento del día para influir positivamente en sus pensamientos y emociones. Tanto si busca más serenidad en su vida como si simplemente busca una forma eficaz de enraizarse en medio del caos de la vida moderna, el uso de mantras es una herramienta excelente para encontrar la paz en su interior.

A. So Ham

El mantra So Ham es una herramienta de meditación sencilla pero eficaz que se ha utilizado durante siglos para ayudar a los practicantes a profundizar en su autoconciencia, mejorar la concentración y aumentar la claridad mental. También conocido como el Sonido del Silencio o el Nombre Secreto de Dios, el mantra consta de solo tres sílabas sencillas, so, ham y om. Cada sílaba representa un aspecto diferente de nuestro ser: nuestro cuerpo (so), nuestra mente (ham) y nuestro espíritu (om). Al repetir este mantra en meditación, podemos reconectar con todas las partes de nosotros mismos, creando en última instancia más equilibrio y armonía en nuestra vida interior y en nuestras experiencias externas.

B. Hare Krishna

El mantra Hare Krishna, también conocido como el Maha-Mantra, es una potente herramienta de meditación que se ha practicado durante siglos en el hinduismo y otras tradiciones espirituales. Este mantra sagrado invoca la energía divina del Señor Supremo, o Krishna, así como de su devota más devota, Radha. Se cree que el canto de este mantra tiene muchos beneficios físicos y espirituales, como la ecuanimidad de la mente, la mejora de la concentración y la memoria, la protección contra las energías y fuerzas negativas, y mucho más. Tanto si busca profundizar en su práctica espiritual como embarcarse en un nuevo viaje de autoexploración, no hay mejor forma de conectar con lo divino que aprendiendo y practicando la llamada de este amado canto: "Hare Krishna Hare Krishna; Krishna Hare; Hare Rama Hare Rama; Rama Hare".

C. Om Namah Shivaya

El mantra Om Namah Shivaya es uno de los mantras hindúes más conocidos y utilizados. Este canto sagrado está dedicado al dios hindú Shiva y sirve como una poderosa forma de reconectar con esta deidad. Para comprender plenamente el significado y los beneficios de Om Namah Shivaya, tenga en cuenta su traducción. En sánscrito, el mantra se traduce como "*Me inclino ante el Infinito*". A través de esta sencilla frase, estamos reconociendo la naturaleza ilimitada y abarcadora del universo, reconociendo todos sus aspectos como parte de nuestro ser.

Más allá de su significado espiritual, son muchos los beneficios físicos asociados a la recitación de este antiguo mantra. Los estudios han demostrado que Om Namah Shivaya puede ayudar a reducir la frecuencia cardiaca y la presión arterial, aliviar la ansiedad y mejorar la calidad del sueño. Como resultado, muchas personas utilizan este canto como herramienta para la relajación o la gestión del estrés. Tanto si lo utiliza como práctica espiritual o como medio para promover la salud y el bienestar, Om Namah Shivaya proporcionará con toda seguridad profundos beneficios curativos y transformadores a cualquiera que lo adopte con el corazón y la mente abiertos.

D. Gayatri Mantra

El Gayatri Mantra es una de las oraciones más citadas en el hinduismo y otras religiones indias. Este antiguo mantra tiene un significado especial para muchas personas, ya que se cree que tiene un poder transformador y trae bendiciones a quienes lo recitan. El mantra tiene una cualidad poética y hermosa, en la que cada línea pretende invocar diferentes aspectos de lo divino. Sin embargo, para quienes no estén familiarizados con el significado de este texto sagrado, comprender su traducción y significado puede ayudar a liberar todo su potencial. He aquí una traducción del Gayatri Mantra:

"Om bhur bhuvah svah; tat savitur varennyam; bhargo devasya dhimahi; dhiyo yo nah prachodayat".

Este mantra puede traducirse como "Meditamos en la luz divina del creador; que eso ilumine nuestras mentes". A través de esta sencilla oración, estamos pidiendo guía y sabiduría a la fuente divina.

El Gayatri Mantra se recita tradicionalmente 21 veces al día, y son muchos los beneficios asociados a esta práctica. Algunos de estos beneficios incluyen el aumento de la concentración y la claridad mental, la mejora de la autoestima y la confianza, y una conexión más profunda con lo divino. Mediante el canto de sus poderosas palabras, podemos canalizar la energía divina y obtener una mayor comprensión de nuestras verdades.

Recitar este mantra también puede ayudarnos a tomar decisiones importantes en la vida, dándonos el valor y la fuerza que necesitamos para seguir el verdadero camino de nuestro corazón. Además, incorporar la práctica de este mantra a nuestras rutinas diarias puede reforzar nuestra concentración y disciplina al ayudarnos a entrar en un profundo estado de meditación que trasciende todas las distracciones mundanas. En general, tanto si busca orientación en su viaje espiritual como si simplemente desea experimentar la profunda belleza de uno de los mayores textos esotéricos del hinduismo, es probable que pueda extraer algo valioso de la recitación del Gayatri Mantra.

E. Mantra Maha Mrityunjaya

El Maha Mrityunjaya Mantra, o "Gran Mantra que Derrota a la Muerte", es uno de los mantras más poderosos del hinduismo. Se dice que ofrece protección contra la muerte y la enfermedad, y ha sido utilizado durante miles de años por yoguis y practicantes espirituales para promover la curación y la longevidad. El significado exacto del mantra es algo ambiguo, pero en general se cree que se refiere al Señor Shiva como el destructor que puede provocar tanto la muerte como una nueva vida. He aquí una traducción del Maha Mrityunjaya Mantra:

"Om tryambakam yajamahe sugandhim pushtivardhanam; urvarukam iva bandhanan mrityor mukshiya mamritat".

Este mantra puede traducirse como *"Adoramos al Señor de tres ojos que es fragante y que nutre a todos los seres. Que Él nos libere de la muerte en aras de la inmortalidad, igual que el pepino se libera de su esclavitud cuando se separa de la vid".*

Este mantra invoca a los antiguos dioses védicos Indra y Agni para que actúen como protectores contra toda forma de daño. Mediante el canto repetido y la meditación sobre estos temas, se cree que los practicantes reciben enormes beneficios que les ayudan a vivir una vida larga y saludable. Ya se cante solo o en grupo, el Maha Mrityunjaya Mantra es una poderosa herramienta para promover el bienestar, tanto físico como espiritual.

Tanto los mantras como los mudras son aspectos importantes del Kriya Yoga y la meditación. Cada uno tiene sus beneficios únicos que pueden ayudar a los practicantes a mejorar su práctica. Al incorporar estas técnicas a su rutina diaria, puede experimentar una mejora de la concentración, claridad mental y una conexión más profunda con lo divino. Los mantras y mudras que se presentan en este capítulo son solo algunos de los muchos que existen. A medida que explore más a fondo estas prácticas, permítase estar abierto a nuevas experiencias y descubra cuáles funcionan mejor para usted.

Capítulo 7: Técnicas de meditación Kriya

El Kriya Yoga es un antiguo sistema de meditación expuesto por primera vez por el sabio Patanjali en los Yoga Sutras. La palabra "Kriya" significa literalmente "acción" o "actividades", y se refiere a un conjunto de técnicas diseñadas para promover la quietud interior y el despertar espiritual. A menudo se hace referencia al Kriya Yoga como el "Yoga de la conciencia", ya que ayuda a los practicantes a ser más conscientes de sus pensamientos, sentimientos y acciones.

Existen muchas técnicas diferentes de meditación Kriya, pero algunas de las más comunes incluyen el pranayama (control de la respiración), la recitación de mantras y la visualización. El Kriya Yoga puede practicarse en solitario o en grupo, y existen muchas escuelas diferentes que ofrecen instrucción en este tipo de meditación. Sin embargo, es importante recordar que el Kriya Yoga no es una religión, y cualquiera puede aprender y practicar estas técnicas independientemente de sus creencias.

¿Qué importancia tiene la meditación en el Kriya Yoga?

1. Ayuda a la autorrealización

La meditación es una parte importante del Kriya Yoga porque ayuda a los practicantes a darse cuenta de su verdadera naturaleza. Cuando meditamos, dirigimos nuestra atención hacia el interior y nos centramos en nuestra respiración o en un mantra. Esto ayuda a aquietar la mente y el cuerpo, permitiéndonos conectar con nuestro ser más íntimo. A través de la meditación, llegamos a comprender que no somos nuestros pensamientos o emociones, sino que somos algo mucho más grande. Empezamos a ver que somos seres ilimitados, que existimos más allá de los confines del mundo físico. A medida que conectamos con nuestra verdadera naturaleza, empezamos a experimentar paz interior y felicidad. También nos volvemos más compasivos y aceptamos mejor a los demás. El Kriya Yoga es un viaje de autodescubrimiento, y la meditación es esencial para progresar en este camino.

2. Ayuda a controlar sus pensamientos y emociones

El Kriya Yoga es una práctica antigua que se ha utilizado durante siglos para ayudar a las personas a alcanzar la iluminación física, mental y espiritual. Uno de los aspectos clave del Kriya Yoga es la meditación. La meditación le ayuda a controlar sus pensamientos y emociones, y también le permite conectar con su yo superior. Cuando medita, es capaz de aquietar su mente y centrarse en su respiración. Esto le ayuda a ralentizar sus pensamientos y le permite ser más consciente de lo que le rodea. A medida que se hace más consciente de sus pensamientos y emociones, es capaz de controlarlos. Esto es esencial en el Kriya Yoga, ya que le permite centrarse en su viaje espiritual y alcanzar la iluminación.

3. Ayuda a alcanzar un estado de paz interior y claridad

En el Kriya Yoga, la meditación se considera una herramienta importante para alcanzar un estado de paz interior y claridad. El objetivo es aquietar la mente y alcanzar un estado de unión con lo divino. Para ello, los practicantes deben aprender primero a aquietar sus pensamientos y centrar su atención en la respiración. Una vez calmada la mente, los practicantes pueden explorar su conciencia interior. Al meditar con regularidad, los kriya yoguis acaban aprendiendo a controlar sus pensamientos y emociones, lo que conduce a un estado mental más tranquilo y equilibrado. Además de promover el bienestar mental, la meditación también tiene numerosos beneficios físicos. Puede ayudar a reducir la tensión arterial, mejorar la salud cardiovascular y aumentar la inmunidad. Además, se ha demostrado que la meditación aumenta los niveles de dopamina y serotonina, dos neurotransmisores conocidos por promover sentimientos de felicidad y bienestar. Así pues, está claro que la meditación desempeña un papel importante en el Kriya Yoga y puede ser beneficiosa tanto para el cuerpo como para la mente.

4. Le ayuda a desarrollar una conexión más fuerte con su yo superior

El Kriya Yoga es un camino de meditación y autorrealización. La práctica del Kriya Yoga conduce a la unión del yo individual con el infinito. Para realizar esta unión, es esencial desarrollar una fuerte conexión con su Yo Superior. La meditación es un componente clave del Kriya Yoga, ya que permite a los practicantes ir a su interior y conectar con su verdadera naturaleza. A través de la meditación regular, los practicantes pueden desarrollar una comprensión profunda de su propia naturaleza espiritual. Además, la meditación ayuda a limpiar la mente y el cuerpo de pensamientos y emociones negativas. Como resultado, la meditación desempeña un papel importante en el Kriya Yoga, ya que ayuda a los practicantes a desarrollar una conexión más fuerte con su Yo Superior. Al establecer esta conexión, los practicantes pueden empezar a experimentar la verdadera dicha de la unión con el infinito.

Técnicas de meditación Kriya

1. Técnica Hong- Sau

La meditación es un proceso para calmar la mente y alcanzar la paz interior. Existen muchos tipos diferentes de meditación, cada uno con sus propios beneficios. Un tipo que puede ser especialmente útil para promover la relajación y la claridad mental es la Técnica Hong-Sau. Se trata de una forma de meditación Kriya de la que se dice que ayuda a los practicantes a conectar con su yo superior. La práctica implica centrarse en la respiración y utilizarla para guiar el movimiento de la energía a través del cuerpo. Al canalizar la energía de este modo, los practicantes pueden acceder a niveles más profundos de conciencia y conectar con su verdadera naturaleza.

Se dice que la técnica Hong-Sau tiene muchos beneficios, como la mejora de la concentración, la reducción del estrés y el aumento de la claridad mental. También se dice que la práctica ayuda a los practicantes a desarrollar una conexión más fuerte con su yo superior, lo que conduce a una vida más plena y significativa. Esta forma de meditación consiste en centrarse en la respiración y repetir mentalmente el mantra "Hong Sau" con cada inhalación y "Sat Nam" con cada exhalación. Los siguientes pasos pueden ayudarle a empezar:

1. Para empezar, busque un lugar cómodo para sentarse o tumbarse. Cierre los ojos y respire profundamente varias veces, dejando que su cuerpo se relaje.

2. Con los ojos cerrados, respire profundamente unas cuantas veces para centrarse. Una vez que se sienta relajado, empiece a centrarse en su respiración.
3. Cuente cada inhalación y cada exhalación. Después de unas cuantas respiraciones, empiece a repetir mentalmente el mantra "Hong Sau" con cada inhalación y "Sat Nam" con cada exhalación.
4. Si su mente empieza a divagar, devuelva suavemente su atención a la respiración y al mantra. Continúe durante 10-20 minutos o más si lo desea.
5. Cuando haya terminado, siéntese durante uno o dos minutos con los ojos cerrados y note cómo se siente.

La técnica Hong-Sau es una forma de meditación que se dice que ayuda a los practicantes a centrarse y conectar con su yo superior. La práctica implica centrarse en la respiración y utilizar un mantra para aquietar la mente. Aunque hay muchas formas diferentes de meditar, esta técnica es una opción popular para los principiantes, ya que es relativamente sencilla y puede realizarse en cualquier lugar.

2. Técnica de meditación Om

La meditación Om es un tipo de contemplación en la que centra su atención en el sonido de la palabra "Om". La palabra "Om" se considera el sonido más sagrado del universo y se cree que representa la energía divina que impregna toda la creación. Om es un sonido y un símbolo sagrado en el hinduismo, el budismo, el jainismo y el sijismo. También es un canto popular del yoga y la meditación. Deriva de la raíz sánscrita Auṃ o Aum, y representa la energía divina que impregna el universo. Se dice que el sonido del Om es el sonido del universo mismo. En el hinduismo, Om se utiliza como mantra o pronunciación sagrada, y a menudo se canta al principio y al final de las sesiones de yoga. También se utiliza como saludo, despedida y bendición. En la meditación Om, usted simplemente se sienta en silencio y concentra su mente en el sonido de la palabra "Om". Mientras medita, puede notar que su mente comienza a aquietarse y que siente una sensación de paz y calma. También puede notar que su respiración se vuelve más profunda y regular. La meditación Aum puede practicarse durante cualquier periodo de tiempo, pero normalmente se recomienda meditar durante al menos 20 minutos al día. Con una práctica regular, es probable que descubra que la meditación Om le ayuda a reducir el estrés, mejorar el sueño y aumentar la sensación de bienestar.

Cómo realizar la meditación mantra Om

Paso 1: La postura correcta

La forma más sencilla de realizar la meditación Om es sentarse en una postura cómoda con la columna recta. Puede sentarse en el suelo o en una silla, pero asegúrese de que la espalda no está encorvada y los hombros relajados. Puede cerrar los ojos o mantenerlos abiertos y concentrados en un punto del suelo frente a usted.

Paso 2: Concéntrese en su respiración

Una vez sentado, respire profundamente varias veces y centre su atención en la respiración. Sienta cómo el aire llena sus pulmones al inhalar y cómo los vacía al exhalar. Si su mente empieza a divagar, simplemente vuelva a centrarse en su respiración.

Paso 3: Repita el mantra "Om".

Cuando se haya centrado en su respiración durante unos minutos, empiece a repetir el mantra "Om". Puede decirlo en voz alta o en silencio para sí mismo, pero asegúrese de enunciar cada sílaba con claridad. Repita el mantra tantas veces como quiera, dejando que el sonido fluya de forma natural.

Paso 4: Continúe todo el tiempo que quiera

Puede continuar repitiendo el mantra todo el tiempo que desee. Si encuentra que su mente divaga, simplemente vuelva a centrarse en el sonido del mantra. Cuando esté listo para parar, respire profundamente unas cuantas veces y abra lentamente los ojos.

3. Meditación Kundalini Kriya

La meditación kundalini es un tipo de meditación de atención plena que se originó en la India. La palabra "kundalini" viene del sánscrito y significa "enrollada". Se refiere a la creencia de que existe una energía enrollada en la base de la columna vertebral que puede despertarse mediante la meditación Kundalini. Esta forma de meditación implica ejercicios específicos de respiración y mudras, o gestos con las manos, para estimular el flujo de energía a lo largo de la columna vertebral. La kundalini se describe a menudo como una serpiente enroscada que se encuentra en la base de la columna vertebral, y el objetivo de este tipo de meditación es despertar esta energía y permitir que ascienda por los chakras, o centros de energía, del cuerpo. La meditación kundalini puede utilizarse para diversos fines, como mejorar la salud mental y física, desarrollar las capacidades psíquicas y potenciar el crecimiento espiritual.

El objetivo es despertar esta energía y hacerla subir a través de los chakras, o centros energéticos, del cuerpo. Se dice que este proceso promueve el bienestar físico, mental y emocional. La meditación kundalini suele practicarse con la ayuda de un maestro o gurú que pueda guiar al practicante a través del proceso. Aunque puede ser beneficioso contar con cierta orientación a la hora de aprender este tipo de meditación, no es necesario. Cualquiera puede aprender a practicar la meditación Kundalini simplemente sentándose en silencio y concentrándose en su respiración.

Pasos:

Hay muchas formas diferentes de practicar la meditación Kundalini, pero uno de los métodos más populares es el conocido como respiración Sitali.

1. Para empezar, siéntese con la columna recta y los ojos cerrados. Respire profundamente por la nariz, llenando completamente los pulmones.
2. Al exhalar, frunza los labios y emita un sonido "ha".
3. Continúe respirando de esta forma durante varios minutos.
4. También puede colocar las manos en un mudra conocido como Gyan mudra tocando el pulgar y el índice juntos mientras mantiene los otros dedos extendidos. Se dice que este mudra favorece la concentración y la sabiduría.
5. Mientras sigue respirando profunda y rítmicamente, permita que su mente se aquiete progresivamente.
6. Si encuentra que sus pensamientos divagan, devuélvalos suavemente a su respiración.
7. Una vez que haya alcanzado un estado de relajación profunda, empiece a centrarse en la sensación de energía en la base de la columna vertebral. Visualice esta energía ascendiendo por sus chakras hasta llegar a la coronilla.
8. Permítase sentir la dichosa sensación de esta energía recorriendo todo su cuerpo. Permanezca en este estado todo el tiempo que desee antes de salir lentamente de la mediación.

4. Meditación Isha Kriya

Isha Kriya es un proceso sencillo pero poderoso creado por el yogui y místico Sadhguru. Está diseñado para ayudarle a ir más allá de su cuerpo y su mente y experimentar la verdadera paz interior. Se trata de una meditación guiada que puede realizarse sentado en una silla con la columna recta o en el suelo con las piernas cruzadas. La práctica incluye instrucciones específicas y movimientos predeterminados diseñados para regular la respiración y llevar el cuerpo a un estado de quietud. El objetivo de Isha Kriya es ayudar al individuo a ir más allá de la mente y experimentar la verdadera naturaleza de su ser. Aunque es posible hacer Isha Kriya por uno mismo, se recomienda aprenderlo de un maestro certificado. Una vez aprendido, puede practicarse a diario y solo se tarda entre 12 y 18 minutos en completarlo.

Pasos:

1. El primer paso es sentarse en una posición cómoda con la columna vertebral erguida. Puede sentarse en el suelo o en una silla. Si está sentado en el suelo, puede cruzar las piernas o sentarse en cualquier otra posición cómoda.
2. Una vez sentado cómodamente, cierre los ojos y respire profundamente unas cuantas veces.
3. El siguiente paso es centrar su atención en la respiración. Simplemente observe la respiración mientras entra y sale.
4. No intente controlar su respiración; limítese a observarla. A medida que se concentre en ella, notará que su mente se vuelve más tranquila y quieta.
5. Tras unos minutos de concentración, comience el mantra isha repitiendo en silencio la palabra "isha" con cada inhalación y exhalación. El mantra isha significa "el sin forma". Repetir este mantra le ayudará a conectar con la dimensión sin forma que hay en su interior.
6. Continúe repitiendo el mantra isha durante 11 minutos. Después, simplemente permanezca consciente de su respiración durante unos minutos sin repetir el mantra.
7. Por último, abra los ojos y respire profundamente unas cuantas veces antes de levantarse lentamente de su asiento.

5. Meditación Trataka

Trataka, también deletreado tratak, es una práctica yóguica en la que el meditador se concentra en un único objeto, normalmente la llama de una vela, hasta que las lágrimas brotan de los ojos. Se dice que esta práctica purifica los nadi, o canales energéticos del cuerpo, y mejora la concentración. A menudo se practica como parte de una rutina de yoga más amplia que incluye asana (posturas físicas), pranayama (control de la respiración) y meditación. Se dice que esta práctica mejora la concentración y la claridad mental y alivia el estrés y la ansiedad.

Pasos:

1. Encuentre un lugar cómodo para sentarse con la columna recta y los ojos abiertos.
2. Fije la mirada en el objeto que haya elegido y haga todo lo posible por mantener esa mirada sin parpadear ni apartar la vista.
3. Si su mente empieza a divagar, simplemente devuelva su atención al objeto.
4. Puede empezar haciendo trataka Kriya durante cinco minutos cada vez, aumentando gradualmente a sesiones más largas a medida que se sienta más cómodo con la práctica.
5. Con la práctica regular, empezará a notar los beneficios de la meditación trataka Kriya en su vida cotidiana.

Existen dos tipos principales de trataka, uno con los ojos abiertos (aksha trataka) y otro con los ojos cerrados (karna trataka). En la aksha trataka, el meditador fija la mirada en un objeto colocado aproximadamente a medio metro delante de él, normalmente una vela encendida. La mirada debe ser firme y suave, sin tensión ni parpadeo. Si los ojos comienzan a lagrimear, se debe permitir que lo hagan sin enjugárselos. Tras varios minutos, se cierran los ojos y se visualiza el objeto. Esto puede hacerse durante uno o dos minutos antes de volver a la mirada original.

Karna trataka es similar a aksha trataka, pero el objeto se coloca ligeramente más lejos -un metro y medio- y se mira con los ojos cerrados. En este caso, puede ser útil centrarse en el punto del tercer ojo, o chakra Ajna, situado entre las cejas. Al igual que con el aksha trataka, si aparecen lágrimas, debe dejarse que fluyan libremente. Pasado un tiempo, se puede visualizar la imagen del objeto con los ojos cerrados antes de volver al estado original.

Ambos tipos de trataka pueden practicarse durante cualquier periodo de tiempo, aunque generalmente se considera que cinco minutos es un buen punto de partida. Con la práctica regular, se dice que se desarrollará una mayor concentración y claridad mental, así como una mejora de la visión y de la salud en general.

Técnica de energetización

Existen muchas técnicas de energización que pueden realizarse antes y después de la meditación. A continuación le ofrecemos algunos ejemplos.

Yoga

El yoga es una forma estupenda de preparar su cuerpo para la meditación estirando y aflojando los músculos. También puede ayudarle a relajarse y a concentrar la mente. La meditación es una forma estupenda de relajarse y desestresarse, pero puede resultar difícil evitar que su mente divague. Una forma de ayudar a centrar sus pensamientos es energizar su cuerpo con algunas posturas sencillas de yoga. El perro mirando hacia abajo, por ejemplo, es una forma estupenda de liberar la tensión de la espalda y el cuello. La postura del niño es otra buena opción para los principiantes, ya que ayuda a estirar las caderas y la columna vertebral. Una vez que haya completado unas cuantas posturas básicas, estará listo para sentarse y despejar la mente. Si dedica unos minutos a energizar su cuerpo antes de meditar, podrá centrarse más fácilmente en el momento presente.

Estiramientos

Los estiramientos son otra buena forma de aflojar los músculos y preparar su cuerpo para la meditación. Es bien sabido que estirarse antes de realizar una actividad física puede prevenir lesiones. Sin embargo, los estiramientos también pueden ser beneficiosos para quienes buscan mejorar su bienestar mental. Una de las técnicas de energización más populares que pueden realizarse antes de la meditación son los estiramientos. Aumenta el flujo sanguíneo y los niveles de oxígeno en el cuerpo, lo que puede mejorar el enfoque y la concentración. Además, los estiramientos ayudan a liberar la tensión muscular, mejorando la relajación durante la meditación. Para obtener los mejores resultados, los estiramientos deben realizarse lenta y suavemente, sin sacudidas ni movimientos bruscos. También es importante escuchar a su cuerpo y estirarse solo hasta el punto de sentir una ligera molestia. Con una práctica regular, los estiramientos pueden ayudarle a alcanzar un nivel más profundo de meditación y a experimentar más beneficios para su mente y su cuerpo.

Imaginería guiada

Las imágenes guiadas pueden servirle para relajarse y concentrar la mente antes y después de la meditación. Las imágenes guiadas son una técnica de visualización que puede utilizarse con diversos fines, como la relajación, el alivio del estrés y el control del dolor. La idea que subyace a las imágenes guiadas es que su mente es una herramienta poderosa que puede aprovecharse para crear cambios positivos en su vida. Cuando centra sus pensamientos en imágenes o escenas tranquilas, su cerebro empieza a producir sustancias químicas calmantes, como las endorfinas y la serotonina. Esto puede provocar una reducción de los niveles de estrés y una sensación general de bienestar. La imaginería guiada puede realizarse con la ayuda de un terapeuta o por su cuenta en casa. Si decide hacerlo por su cuenta, hay algunas cosas que debe tener en cuenta. En primer lugar, es importante encontrar un lugar cómodo para sentarse o tumbarse. Cierre los ojos y respire profundamente varias veces para ayudarle a relajarse. Una vez que se sienta tranquilo, empiece a imaginar una escena apacible. Puede ser cualquier cosa, desde un prado tranquilo hasta una playa solitaria. Visualice cada detalle de la escena, desde los colores y los olores hasta las texturas y los sonidos. Permítase pasar algún tiempo explorando la escena antes de volver lentamente al momento presente. Cuando haya terminado, respire hondo unas cuantas veces y abra los ojos. Las imágenes guiadas son una forma sencilla pero eficaz de reducir el estrés y promover la relajación.

Ejercicios de respiración

Los ejercicios de respiración pueden ayudarle a relajarse y a concentrar la mente antes y después de la meditación. Las técnicas de energización son una forma estupenda de ponerse en movimiento después de la meditación. En concreto, los ejercicios de respiración pueden ayudarle a aumentar sus niveles de energía y concentración. El primer paso es respirar profundamente por la nariz. Al inhalar, sienta cómo se expande su estómago. A continuación, exhale lentamente por la boca. Repita este proceso durante unos minutos. Debería sentir que su nivel de energía aumenta con cada respiración. Además, intente centrarse en un pensamiento o imagen positiva con cada inhalación y exhalación. Esto aumentará aún más su energía y concentración.

Capítulo 8: Asanas: Posturas Kriya que debe dominar

Las asanas son uno de los componentes clave del Kriya Yoga, una práctica espiritual centrada en la limpieza del cuerpo y la mente para abrirse a niveles superiores de conciencia. En el kriya se pueden utilizar varias asanas diferentes, cada una con su propio conjunto de beneficios y desafíos. Algunas de las asanas más comunes son las inversiones, las flexiones hacia atrás, los equilibrios y los giros. Cada tipo de asana estimula una parte diferente del cuerpo y la mente, proporcionando beneficios mentales y físicos específicos junto con una visión de uno mismo.

Tanto si acaba de iniciarse en la kriya como si lleva años practicándola, incorporar asanas a su rutina le ayudará a crecer espiritual y físicamente. Con una práctica constante, puede que descubra que toda su perspectiva de la vida empieza a cambiar para mejor. Este capítulo le proporcionará instrucciones para realizar algunas de las asanas más comunes y beneficiosas utilizadas en el Kriya Yoga. Abarcará desde el importantísimo saludo al sol hasta inversiones y giros más avanzados. Al final, tendrá una base sólida sobre la que construir su práctica de kriya.

1. Postura del pez (Meenasana)

Conocida como la postura del pez, la Meenasana es una postura de yoga muy eficaz que se utiliza habitualmente para mejorar la flexibilidad y liberar la tensión del cuerpo. Para realizar esta postura, primero debe tumbarse boca arriba con las piernas estiradas y los brazos apoyados a los lados. Doble ambas piernas por las rodillas y deje caer suavemente una rodilla hacia un lado de su cuerpo y deje que descanse justo por encima del suelo. A continuación, repita este movimiento con la otra pierna de modo que ambas rodillas queden a ambos lados de su cuerpo. Por último, baje lentamente la mitad superior del cuerpo hacia el suelo, dejando que descanse justo por encima de los muslos o la parte inferior de las caderas mientras mantiene los hombros alineados directamente sobre la pelvis.

Postura del pez[18]

Mantener esta postura durante varias respiraciones le ayudará a alargar y estirar todos los músculos de los costados de su cuerpo y favorecerá la relajación general. Debido a sus numerosos beneficios, la postura del pez se ha convertido en una postura de yoga a la que recurren las personas que buscan aliviar el estrés y mejorar su flexibilidad. Si está buscando una forma de relajarse después de un largo día o aumentar la movilidad en esos puntos tensos, ¡pruebe la postura del pez!

2. Postura de la cobra (Pambu Asana)

La postura de la cobra, también conocida como Pambu Asana, es una postura de yoga dinámica y vigorizante que trabaja tanto la parte superior como la inferior del cuerpo. Esta postura compromete los músculos de la espalda, en particular los erectores espinales, aumentando la fuerza central y mejorando la postura general. Por este motivo, esta postura suele recomendarse si padece dolor y rigidez de espalda. Además de sus beneficios terapéuticos, la postura de la cobra también ayuda a fortalecer sus glúteos y cuádriceps, mejorando la estabilidad en estas regiones clave del cuerpo.

Postura de la cobra[14]

Para realizar esta postura, túmbese boca abajo con las piernas extendidas detrás de usted y las palmas de las manos apoyadas en el suelo junto al pecho. Al inhalar, presione hacia abajo a través de las palmas de las manos y comience a estirar los brazos, levantando el torso y la parte inferior del cuerpo del suelo. Mantenga los hombros echados hacia atrás y hacia abajo, lejos de las orejas, mientras sigue elevando el pecho. Mire hacia arriba con cuidado de no forzar el cuello. Mantenga esta postura durante 5-10 respiraciones antes de volver a bajar lentamente a la posición inicial.

Al mantener esta postura, sentirá cómo la energía recorre todo su cuerpo, dejándole una sensación de frescor y revitalización. Tanto si es un yogui experimentado como un principiante, pruebe la postura de la cobra: ¡le sorprenderán sus numerosos beneficios!

3. Postura de la grulla sentada (Amaranto Kokuasana)

La postura de la grulla sentada, también conocida como Amaranto Kokuasana, es una postura de yoga que se centra principalmente en la fuerza y la flexibilidad. En esta postura, comience por sentarse erguido con las piernas completamente extendidas delante de usted. A continuación, doble lentamente las rodillas y lleve los pies hacia el cuerpo, presionando las plantas de los pies entre sí y llevándolas suavemente hacia arriba hasta que formen un ángulo de 90 grados con el cuerpo. A continuación, utilizando la fuerza de los brazos y el tronco, baje hasta que la espalda quede plana en el suelo y mantenga esta postura durante varias respiraciones profundas. La postura de la grulla sentada ayuda a mejorar el equilibrio, a desarrollar los músculos de los brazos y las piernas y a estirar partes clave del cuerpo.

4. Saludo al sol (Surya Namaskar)

El Saludo al sol, también conocido como Surya Namaskar, es un elemento básico de muchas prácticas de yoga. Esta secuencia está diseñada para aportar energía y vitalidad a cada parte del cuerpo, despertando la mente y el espíritu a lo largo del camino. Los movimientos reales implicados en el Saludo al Sol son sencillos pero poderosos, y ayudan a estirar y fortalecer los músculos a la vez que promueven una mejor circulación y alineación. Además, se cree que esta práctica estimula los chakras del cuerpo y otros centros energéticos, dejándonos una sensación de frescura, equilibrio y renovación.

Saludo al sol[15]

Para realizar el Saludo al sol, comience en posición de pie con los pies juntos y las manos a los lados. Desde aquí, inhale mientras levanta los brazos por encima de la cabeza, luego exhale mientras se inclina hacia delante desde la cintura y coloca las palmas de las manos apoyadas en el suelo junto a los pies. Inhalando una vez más, levante la cabeza y el pecho del suelo y arquee la espalda, mirando hacia el cielo. Exhalando profundamente, vuelva a la posición de flexión hacia delante.

Siguiendo moviéndose con la respiración, inhale mientras da un paso atrás con el pie derecho en una estocada baja, luego exhale mientras lleva el pie izquierdo hacia atrás para encontrarse con él en la posición de tabla. Desde aquí, baje todo el cuerpo hasta el suelo, manteniendo los codos pegados a los costados y la mirada fija en el suelo entre las manos. Inhalando profundamente, presione hacia arriba en Perro Boca Arriba, luego exhale mientras vuelve a la posición de tabla. Por último, inhale mientras adelanta el pie derecho hasta encontrarse con el izquierdo y exhale al volver a la posición de pie.

El Saludo al Sol es una práctica versátil que puede realizarse en cualquier momento del día, por lo que es una forma ideal de empezar la mañana o de relajarse antes de acostarse. Pruébelo: ¡le encantará cómo le hace sentir!

5. Postura del camello (Ustrasana)

La postura del camello, también conocida como Ustrasana, es una poderosa flexión de la espalda que puede ayudar a abrir y fortalecer todo el cuerpo. Esta postura comienza en una posición de rodillas con las manos colocadas en la parte superior de la espalda baja, directamente sobre las caderas. Mientras se inclina lentamente hacia atrás y estira el pecho hacia el cielo, asegúrese de mantener las rodillas y los muslos apoyados en el suelo. Esta postura desafiante puede parecer intensa al principio, pero con la práctica y una alineación adecuada, puede tener un impacto profundamente positivo en la fuerza y flexibilidad de su espalda y columna vertebral.

Postura del camello[16]

Las ventajas de la postura del camello son muchas. Mejora la postura y alivia el dolor de espalda, cuello y hombros. Además, puede ayudar a aumentar los niveles de energía e incrementar la circulación por todo el cuerpo. También se cree que la Postura del Camello estimula la glándula tiroides y favorece el equilibrio emocional. Si busca una forma poderosa de abrir y fortalecer su cuerpo de la cabeza a los pies, ¡pruebe la postura del camello!

6. Postura de la Cara de Vaca (Bitilasana)

La Postura de la Cara de Vaca, también conocida como Bitilasana, es una postura de Yoga suave que se recomienda para todos los niveles de practicantes. Está diseñada para estirar y abrir el pecho y los hombros, ayudando a aumentar la capacidad pulmonar y aliviar la tensión en la parte superior del cuerpo. Muchas personas también encuentran que esta postura mejora el enfoque y la concentración, por lo que es una gran opción para estudiantes o profesionales que necesitan mantenerse agudos y concentrados.

Postura de la cara de vaca[17]

Para realizar la postura de la cara de vaca, comience por sentarse en la esterilla con las piernas dobladas delante de usted. Manteniendo la espalda recta y la mirada al frente, lleve el brazo derecho hacia arriba de modo que la mano derecha se junte con el codo izquierdo. Respire profundamente y despacio mientras mantiene esta postura durante al menos un minuto. Para soltarse, simplemente cambie de lado y repita. Con la práctica, la postura de la cara de vaca puede convertirse en una poderosa herramienta para aumentar la energía y aliviar el estrés. ¿Por qué no la prueba hoy mismo? ¡Puede que se sorprenda de lo bien que le hace sentir!

7. Postura del puente (Setubandha Asana)

Postura del puente[18]

La postura del puente, también conocida como Setubandha Asana en sánscrito, es una postura de yoga desafiante pero gratificante que se dirige a los músculos profundos de la espalda, los costados y el núcleo. Para realizar esta postura, empiece tumbándose boca arriba con las rodillas dobladas y los pies apoyados en el suelo. A continuación, levante lentamente las caderas hasta que sienta que la columna se alarga y se endereza por completo. Mientras mantiene esta postura, es importante activar todos los músculos centrales para lograr una estabilidad y un equilibrio óptimos. Si se hace correctamente, la postura del puente puede ayudar a fortalecer la espalda y mejorar la flexibilidad de las caderas y los hombros. Tanto si es un yogui experimentado como si acaba de empezar su viaje hacia el bienestar, ¡no olvide incluir la postura del puente en su práctica!

8. Postura del Rayo (Vajrasana)

La Postura del Rayo, también conocida como Vajrasana, es una poderosa postura de yoga que tiene muchos beneficios para el cuerpo y la mente. Esta postura de rodillas estira profundamente las caderas y los muslos, lo que la convierte en una opción ideal para cualquiera que pase mucho tiempo sentado o corriendo. Además, la postura del rayo ayuda a fortalecer y tonificar los músculos de la parte inferior del cuerpo, mejorando el equilibrio y la coordinación. Además, se ha demostrado que esta postura también tiene beneficios mentales, mejorando la concentración y ayudando a mejorar el estado de ánimo.

Para realizar la postura del rayo, comience sentándose sobre los talones con las rodillas muy separadas. A continuación, coloque las manos en el suelo delante de usted e inclínese lentamente hacia atrás hasta que sienta un estiramiento en los muslos y las caderas. Asegúrese de mantener la espalda recta y la mirada al frente mientras mantiene esta postura durante al menos un minuto. Para soltarla, simplemente vuelva a la posición sentada y repita en el otro lado. Con una práctica regular, la postura del rayo puede ayudarle a mejorar su flexibilidad, resistencia y sensación general de bienestar.

9. Postura del cadáver (Savasana)

La postura del cadáver, o savasana, es una parte esencial de cualquier práctica de yoga. Esta postura calmante y reconstituyente relaja el cuerpo y la mente durante la actividad física intensa, permitiéndole soltarse por completo y reconectar con su yo interior. Cuando se realiza correctamente, la Postura del Cadáver puede ayudar a estirar y realinear la columna vertebral, liberando la tensión de la espalda y los hombros. También favorece la respiración profunda y mejora la circulación por todo el cuerpo.

Para realizar la Postura del Cadáver, simplemente túmbese boca arriba con las piernas y los brazos extendidos. Asegúrese de que los pies están separados a la anchura de las caderas y las palmas de las manos hacia arriba. A continuación, cierre los ojos y concéntrese en su respiración. Deje que todo su cuerpo se relaje y se hunda en la esterilla. Permanezca en esta posición durante al menos cinco minutos o más. Tanto si es un yogui experimentado como si acaba de iniciarse en la práctica, esta postura sencilla pero poderosa le hará sentirse fresco, enraizado y renovado. Tómese hoy un tiempo para tumbarse, respirar profundamente y probar la postura del cadáver por sí mismo. No se arrepentirá.

10. Postura del león (Simhasana)

La postura del león, también conocida como simhasana, es una postura de yoga que suele utilizarse como parte de una práctica de meditación o respiración profunda. Esta postura debe su nombre a que imita la poderosa y noble postura del león. Para practicar esta postura, primero debe sentarse en el suelo con las piernas cruzadas y la espalda recta. Después, forzará lentamente la lengua a salir de la boca hasta que toque la parte inferior de la barbilla. Al mantener esta postura, notará que le ayuda a abrir y liberar la tensión en toda la cara y el cuello. Además, muchas personas descubren que entrenar la fuerza de los músculos faciales mediante esta postura puede ayudar a aliviar los síntomas asociados con el trastorno de la ATM y otras afecciones similares. En general, la Postura del León puede ser una gran manera de aflojarse y relajarse después de un largo día.

11. Postura de la cabeza a la rodilla (Janu Sirsasana)

La Postura de la cabeza a la rodilla, o Janu sirsasana, es una postura clásica de Yoga que se utiliza a menudo en las clases de vinyasa y Hatha. Esta postura puede ofrecer varios beneficios, desde estirar los isquiotibiales y la zona lumbar hasta ayudar a mejorar el equilibrio y la concentración. Para empezar, siéntese en el suelo con las piernas extendidas hacia delante. Coja una pierna y flexiónela hacia el cuerpo, llevando el pie hacia la entrepierna. Si es posible, intente llevar la planta del pie lo más cerca posible del ombligo. Una vez que su pierna esté en posición, baje lentamente y agarre cada lado del pie con ambas manos. A continuación, comience a alargar lentamente la columna vertebral al tiempo que exhala y redondea la pierna extendida. Mantenga esta posición durante varias respiraciones profundas antes de cambiar de lado. Con una práctica regular, la postura de la cabeza a la rodilla puede ofrecer muchos beneficios físicos y mentales que hacen que merezca la pena añadirla a cualquier práctica de yoga.

12. Postura del triángulo (Trikonasana)

Postura del triángulo[19]

La postura del triángulo, o trikonasana, es una de las posturas básicas de Yoga ampliamente practicadas en muchos tipos de Yoga y regímenes de bienestar. Esta postura requiere que se ponga de pie con las piernas muy separadas, los dedos de los pies apuntando hacia delante y los talones ligeramente hacia dentro. A continuación, extienda los brazos hacia los lados, pivote en la pelvis y extienda los brazos rectos en el aire. La postura del triángulo es especialmente excelente para abrir las caderas y ayudarle a sentirse más equilibrado y centrado. También estimula la circulación por todo el cuerpo y puede ayudar a estirar y tonificar los músculos de las piernas y los brazos. En general, la Postura del Triángulo es una forma estupenda para cualquiera que busque una práctica eficaz e introspectiva que pueda mejorar la flexibilidad, la fuerza y la concentración.

13. Postura de la media torsión espinal (Ardha Matsyendrasana)

La postura de la media torsión espinal, o Ardha Matsyendrasana, es un elemento básico de muchas clases de yoga. Para realizar esta postura, tendrá que empezar por sentarse en el suelo con las piernas extendidas hacia delante. A continuación, coja la pierna derecha y dóblela hacia arriba de forma que el pie quede apoyado contra el muslo izquierdo. A continuación, gire el torso hacia la derecha y pase el brazo izquierdo por la parte exterior de la rodilla derecha. Por último, complete la postura pasando el brazo derecho por detrás de usted y agarrándose los isquiotibiales izquierdos. La postura de la media torsión espinal es una forma estupenda de estirar los músculos de la espalda y los hombros, así como de estimular la circulación por todo el cuerpo.

Este potente giro abre las caderas y estira la parte baja de la espalda, por lo que es perfecto tanto para principiantes como para yoguis experimentados. Además, esta postura contrarresta los efectos negativos de la postura sentada prolongada al aflojar suavemente los músculos y articulaciones tensos. Por estas razones, practicar regularmente la postura de la media torsión vertebral es una forma estupenda de ayudar a promover una alineación corporal saludable y prevenir el dolor musculoesquelético crónico.

14. Postura del niño (Shishu Asana)

La postura del niño es una popular asana de yoga que se utiliza a menudo para calmar y rejuvenecer el cuerpo. Para empezar, siéntese sobre los talones con las rodillas flexionadas y los pies apoyados en el suelo. A continuación, inclínese lentamente hacia delante y apoye la frente en la esterilla que tiene delante. A continuación, extienda los brazos hacia delante y deje que el pecho y el torso se relajen sobre los muslos. Por último, respire profundamente varias veces y concéntrese en relajar todo el cuerpo. La postura del niño es una forma excelente de estirar los músculos de la espalda y los hombros y de ayudar a mejorar la circulación en todo el cuerpo.

Además, esta postura puede ayudar a reducir el estrés y la ansiedad, por lo que es perfecta para cualquiera que busque una forma de desconectar y relajarse. Esta cómoda postura también estira y relaja las caderas, la columna vertebral y el cuello, al tiempo que favorece la respiración profunda. Algunas personas incluso creen que practicar la postura del niño con regularidad puede ayudar a reducir el estrés y la ansiedad, lo que convierte a esta asana en una gran opción para quienes buscan escapar rápidamente de las presiones cotidianas.

15. Flexión hacia delante sentada (Paschimottanasana)

A primera vista, la flexión hacia delante sentada puede parecer un ejercicio sencillo. Sin embargo, esta postura ofrece una amplia gama de beneficios tanto para la mente como para el cuerpo. Para empezar, una flexión hacia delante sentada estira los isquiotibiales, las pantorrillas y las caderas, ayudando a mejorar la flexibilidad y a aliviar la tensión muscular. También aumenta el flujo sanguíneo al cerebro y ayuda a estimular las glándulas del cuello, los omóplatos y la columna vertebral. A nivel mental, esta postura puede ayudar a calmar la mente y reducir el estrés o la ansiedad.

Para realizar una flexión hacia delante sentado, empiece por sentarse en el suelo con las piernas extendidas hacia delante. A continuación, levante los brazos por encima de la cabeza e inclínese lentamente hacia delante desde las caderas, acercando las manos a los pies. Si no llega a los dedos de los pies, no se preocupe; simplemente coloque las manos donde le resulte más cómodo. Una vez que esté en la flexión hacia delante, respire profundamente varias veces y concéntrese en relajar todo el cuerpo. Recuerde mantener la columna recta y los hombros relajados mientras mantiene la postura. Para soltar la postura, vuelva lentamente a la posición sentada y respire profundamente varias veces antes de pasar a la siguiente asana.

Existen muchas asanas o posturas de yoga diferentes que ofrecen una gran variedad de beneficios tanto para la mente como para el cuerpo. En este capítulo, hemos presentado 15 asanas de Yoga diferentes que son perfectas para principiantes. Cada asana tiene su finalidad y ventajas específicas, así que asegúrese de elegir las posturas que mejor se adapten a sus necesidades. Recuerde centrarse en la respiración y la relajación mientras realiza cada postura, y consulte siempre a un médico antes de comenzar cualquier nueva rutina de ejercicios. Con la práctica regular, notará una mejora en su flexibilidad, fuerza muscular y sensación general de bienestar.

Capítulo 9: Secuencias de Kriya Yoga: Poniéndolo todo junto

Ahora que está familiarizado con las diversas posturas, mudras, mantras y patrones de respiración utilizados en el Kriya Yoga, es hora de ponerlos todos juntos en secuencias completas. Estas pueden realizarse todos los días de la semana o cualquier día que tenga libre. Recuerde calentar antes de cada secuencia con estiramientos sencillos y enfriarse después con posturas reconstituyentes. Y lo más importante, escuche a su cuerpo y no se exija demasiado - el Kriya Yoga debe ser agradable, no tortuoso. Este capítulo le proporcionará siete secuencias completas de Kriya Yoga, una para cada día de la semana. Estas secuencias pretenden darle un punto de partida a partir del cual pueda crear las suyas propias. Sin embargo, si acaba de empezar, puede utilizar las siguientes secuencias tal cual.

Rutina del lunes

La rutina del lunes es suave y está diseñada para facilitarle el comienzo de la semana. Comienza con algunas posturas básicas de pie para que su energía fluya, luego pasa a un simple pliegue hacia delante y algunas torsiones para liberar cualquier tensión que pueda estar reteniendo en su cuerpo. La secuencia termina con algunas posturas reconstituyentes que le ayudarán a relajarse y a reajustarse para la semana que comienza.

Posturas
1. **Tadasana (Postura de la montaña):** Póngase de pie con los pies juntos y los brazos a los lados. Inspire profundamente y levante los brazos por encima de la cabeza, luego espire y dóblelos hacia delante, llevando las manos al suelo.
2. **Uttanasana (Pliegue hacia delante de pie):** Desde Tadasana, exhale y dóblese hacia delante, llevando las manos al suelo. Si no puede alcanzar el suelo, apoye las manos en las espinillas o en un bloque.
3. **Ardha Uttanasana (Postura de media elevación):** Desde la Uttanasana, coloque las manos en las caderas e inspire mientras levanta el pecho y el torso hasta la mitad.
4. **Parivritta Trikonasana (Postura del triángulo girado):** Desde Ardha Uttanasana, lleve el pie izquierdo hacia atrás y exhale mientras gira el torso hacia la derecha, llevando la mano derecha al suelo y el brazo izquierdo hacia el techo. Repita del otro lado.
5. **Pasasana (Postura de la soga):** Desde la Parivritta Trikonasana, lleve la mano izquierda al suelo y la derecha al tobillo izquierdo, luego exhale mientras gira el torso hacia la izquierda. Repita del otro lado.

Mantras
1. **Om Namo Narayanaya (Mantra de Vishnu):** Cante este mantra 108 veces mientras está en Pasasana.
2. **Om Shri Durgayai Namah (Mantra de Durga):** Cante este mantra 108 veces mientras está en Ardha Uttanasana.

Mudras
1. **Gyan Mudrā:** Siéntese en una posición cómoda con la columna recta. Junte el índice y el pulgar y apoye los otros tres dedos ligeramente sobre la palma de la mano.
2. **Pranava Mudrā:** Siéntese en una posición cómoda con la columna recta. Lleve los dedos índice y corazón hasta tocarse en las puntas, luego presione el pulgar contra la palma de la mano.
3. **Apana Mudrā:** Siéntese en una posición cómoda con la columna recta. Presione los dedos anular y meñique contra la

palma de la mano y, a continuación, junte las puntas de los dedos pulgar e índice.

Patrón de respiración: Respiración Ujjayi

Para hacer la respiración Ujjayi, simplemente respire profunda y constantemente por la nariz, expandiendo el vientre al inhalar y contrayéndolo al exhalar. Al exhalar, cierre ligeramente la garganta y emita un sonido "ahh". Debería sentir una ligera resistencia en la garganta, como si empañara un espejo.

Posturas de cierre

1. Viparita Karani (Postura de las piernas contra la pared): Túmbese boca arriba con las piernas contra la pared y los brazos a los lados.
2. Savasana (Postura del cadáver): Desde la Viparita Karani, deje caer las piernas hacia un lado y los brazos hacia el otro, luego simplemente permita que todo su cuerpo se relaje y se hunda en el suelo.
3. Namaste: Siéntese en una posición cómoda con la columna recta. Junte las palmas de las manos delante del pecho e incline la cabeza, después diga "Namaste" en voz alta o en silencio para sí mismo.

Rutina del martes

Esta rutina está diseñada para que su sangre fluya y su energía aumente. Comienza con algunas posturas básicas de pie y pasa a un flujo más activo, incluyendo algunos saludos al sol. La secuencia termina con algunas posturas calmantes que le ayudarán a relajarse antes de acostarse.

Posturas

1. **Surya Namaskar (Saludo al sol) A:** Póngase de pie con los pies juntos y los brazos a los lados. Inhale mientras levanta los brazos por encima de la cabeza, luego exhale mientras se dobla hacia delante y coloca las manos en el suelo.
2. **Paschimottanasana (Pliegue hacia delante sentado):** Desde Surya Namaskar A, exhale y lleve la barbilla al pecho, después dóblese hacia delante y coloque las manos en el suelo.
3. **Bhujangasana (Postura de la cobra):** Desde Paschimottanasana, coloque las manos en el suelo a su lado e inspire mientras levanta el pecho y la cabeza del suelo.

4. **Adho Mukha Svanasana (Postura del perro mirando hacia abajo):** Desde la Bhujangasana, exhale y levante las caderas hacia arriba y hacia atrás, estirando las piernas y presionando los talones contra el suelo.
5. **Janu Sirsasana (Postura de la cabeza a la rodilla):** Desde Perro Boca Abajo, inhale y lleve la pierna derecha hacia delante, luego exhale y dóblese hacia delante, colocando la frente sobre la rodilla derecha.

Mantras
1. **Om Namo Bhagavate Vasudevaya (Mantra de Vishnu):** Cante este mantra 108 veces mientras está en Paschimottanasana.
2. **Om Shri Krishna Sharanam Mama (Mantra de Krishna):** Cante este mantra 108 veces mientras está en Bhujangasana.

Mudras
1. **Prithvi Mudrā:** Siéntese en una posición cómoda con la columna recta. Coloque las palmas de las manos en el suelo a su lado y presione los pulgares y los dedos índices.
2. **Jnana Mudrā:** Siéntese en una posición cómoda con la columna recta. Doble los dedos índice y corazón hasta tocar la palma de la mano y, a continuación, presione el pulgar contra la palma.
3. **Shuni Mudrā:** Siéntese en una posición cómoda con la columna recta. Doble el dedo anular y el meñique para tocar la palma de la mano, luego presione el pulgar contra la palma.

Patrón de respiración: Respiración Sama Vritti

Para hacer la respiración Sama Vritti, simplemente respire de forma constante por la nariz, asegurándose de que sus inhalaciones y exhalaciones tienen la misma duración.

Posturas de cierre
1. **Balasana (Postura del Niño):** Desde Perro Boca Abajo, exhale y baje las caderas hasta los talones, luego apoye la frente en el suelo.
2. **Viparita Karani (Postura de las piernas contra la pared):** Túmbese boca arriba con las piernas contra la pared y los brazos a los lados.

3. **Savasana (Postura del cadáver):** Desde la Viparita Karani, deje caer las piernas hacia un lado y los brazos hacia el otro, luego simplemente deje que todo el cuerpo se relaje y se hunda en el suelo.
4. **Namaste:** Siéntese en una posición cómoda con la columna recta. Junte las palmas de las manos delante del pecho e incline la cabeza, después diga "Namaste" en voz alta o en silencio.

Rutina del miércoles

Esta rutina está diseñada para ayudarle a concentrarse y centrarse. Comienza con algunas posturas básicas de pie y sentado, para pasar después a una serie de giros que le ayudarán a liberar cualquier tensión en la columna vertebral. La secuencia termina con algunas posturas calmantes para ayudarle a relajarse antes de acostarse.

Posturas

1. **Virabhadrasana I (Postura del Guerrero I):** Desde Tadasana, eche el pie izquierdo hacia atrás y levante los brazos por encima de la cabeza, luego embista hacia delante con la pierna derecha.
2. **Parivrtta Trikonasana (Postura del triángulo girado):** Desde la postura del Guerrero, lleve la mano izquierda al suelo por dentro del pie izquierdo, luego gire el torso hacia la izquierda y levante el brazo derecho hacia el techo.
3. **Ardha Matsyendrasana (Postura del Medio Señor de los Peces):** Siéntese en el suelo con las piernas estiradas delante de usted, luego doble la rodilla derecha y coloque el pie derecho por fuera del muslo izquierdo. Gire el torso hacia la derecha y coloque el codo izquierdo por fuera de la rodilla derecha, luego extienda el brazo derecho hacia atrás y coloque la mano en el suelo.

Mantras

1. **Mantra Om:** Cante este mantra 108 veces mientras está en la Postura del Guerrero I.
2. **Gayatri Mantra:** Cante este mantra 108 veces mientras está en la Postura del Triángulo Girado.
3. **Maha Mrityunjaya Mantra:** Cante este mantra 108 veces mientras está en la Postura del Medio Señor de los Peces.

Mudras

1. **Anjali Mudra:** Siéntese en una posición cómoda con la columna recta. Junte las palmas de las manos delante del pecho e incline la cabeza.
2. **Hridaya Mudra:** Siéntese en una posición cómoda con la columna recta. Coloque la palma de la mano derecha sobre el corazón y, a continuación, coloque la palma de la mano izquierda sobre él.
3. **Shanmukhi Mudra:** Siéntese en una posición cómoda con la columna recta. Toque juntas las puntas de los dedos pulgar, índice y corazón, luego coloque el anular y el meñique en el suelo.

Patrón de respiración: Respiración Sitali

Para realizar la respiración Sitali, enrosque la lengua en forma de "U" y sáquela por la boca. Inhale por la boca y luego exhale por la nariz.

Posturas de cierre

1. **Supta Baddha Konasana (Postura reclinada en ángulo):** Túmbese boca arriba con las rodillas dobladas y los pies juntos, luego deje que las rodillas caigan abiertas hacia los lados.
2. **Viparita Karani (Postura de las piernas contra la pared):** Túmbese boca arriba con las piernas contra la pared y los brazos a los lados.
3. **Savasana (Postura del cadáver):** Desde la Viparita Karani, deje caer las piernas hacia un lado y los brazos hacia el otro, luego simplemente deje que todo el cuerpo se relaje y se hunda en el suelo.

Rutina del jueves

Esta rutina está diseñada para ayudarle a aumentar su flexibilidad. Comienza con algunas posturas básicas de pie y sentado, para pasar después a una serie de estiramientos más profundos para sus caderas, isquiotibiales y hombros. La secuencia termina con algunas posturas calmantes que le ayudarán a relajarse antes de acostarse.

Posturas
1. **Bhujangasana (Postura de la cobra):** Túmbese boca abajo con las piernas estiradas y las manos a los lados, luego presione hacia arriba en una postura de perro mirando hacia arriba.
2. **Salabhasana (Postura de la langosta):** Túmbese boca abajo con las piernas estiradas y las manos a los lados, luego levante el pecho y las piernas del suelo.
3. **Dhanurasana (Postura del arco):** Túmbese boca abajo con las piernas estiradas y las manos a los lados, luego extienda los brazos hacia atrás y agárrese los tobillos.

Mantras
1. **Om Aim Hreem Kleem Chamundaye Vichche (Mantra de Durga):** Cante este mantra 108 veces mientras está en la postura de la cobra.
2. **Om Namo Bhagavate Vasudevaya (Mantra de Vishnu):** Cante este mantra 108 veces mientras está en Postura de Langosta.

Mudras
1. **Prana Mudra:** Siéntese en una posición cómoda con la columna recta. Levante las manos frente a usted con las palmas enfrentadas, luego toque los pulgares con los dedos índices.
2. **Samudra Mudra:** Siéntese en una posición cómoda con la columna recta. Levante las manos delante de usted con las palmas una frente a la otra, luego toque con los pulgares los dedos corazón.
3. **Hakini Mudra:** Siéntese en una posición cómoda con la columna recta. Coloque las manos sobre los muslos con las palmas hacia arriba y, a continuación, junte las puntas de los dedos pulgar, índice y corazón.

Patrón de respiración: Respiración Bhastrika

Para realizar la respiración Bhastrika, inhale y exhale rápidamente por la nariz. La respiración debe ser profunda y enérgica, pero no tanto como para sentirse mareado o aturdido.

Posturas de cierre
1. **Paschimottanasana (Flexión hacia delante sentado):** Siéntese en el suelo con las piernas estiradas delante de usted, luego inclínese hacia delante y alcance los dedos de los pies.
2. **Halasana (Postura del arado):** Túmbese boca arriba con las piernas estiradas, luego levante las caderas y las piernas del suelo y por encima de la cabeza.
3. **Sarvangasana (Postura de los hombros):** Túmbese boca arriba con las piernas estiradas y los brazos a los lados, luego levante las caderas y las piernas del suelo y por encima de la cabeza.
4. **Matsyasana (Postura del pez):** Túmbese boca arriba con las piernas estiradas y los brazos a los lados, luego levante el pecho y la cabeza del suelo.
5. **Savasana (Postura del cadáver):** Desde la Matsyasana, deje caer las piernas hacia un lado y los brazos hacia el otro, luego simplemente deje que todo el cuerpo se relaje y se hunda en el suelo.

Rutina del viernes

Esta rutina está diseñada para ayudarle a aumentar su fuerza y resistencia. Comienza con algunas posturas básicas de pie y sentado, para pasar después a una serie de posturas más desafiantes que pondrán a prueba su resistencia. La secuencia termina con algunas posturas calmantes que le ayudarán a relajarse antes de acostarse.

Posturas
1. **Adho Mukha Svanasana (Postura del perro mirando hacia abajo):** Empiece en posición de tabla con las manos y las rodillas en el suelo, luego levante las caderas y estire las piernas para formar una "V" invertida.
2. **Urdhva Mukha Svanasana (Postura del perro mirando hacia arriba):** Comience en una postura de perro mirando hacia abajo, luego levante el pecho y la cabeza del suelo y presione hacia atrás en una postura de perro mirando hacia arriba.
3. **Bakasana (Postura de la grulla):** Empiece en posición de tabla con las manos y las rodillas en el suelo, luego levante las caderas y enderece las piernas para formar una "V" invertida.

4. **Salabhasana (Postura de la langosta):** Túmbese boca abajo con las piernas estiradas y las manos a los lados, luego levante el pecho y las piernas del suelo.
5. **Dhanurasana (Postura del arco):** Túmbese boca abajo con las piernas estiradas y las manos a los lados, luego extienda los brazos hacia atrás y agárrese los tobillos.

Mantras

1. **Om Aim Hreem Kleem Chamundaye Vichche (Mantra de Durga):** Cante este mantra 108 veces mientras está en la postura de la cobra.
2. **Om Namo Bhagavate Vasudevaya (Mantra de Vishnu):** Cante este mantra 108 veces mientras está en Postura de Langosta.

Mudras

1. **Abhaya Mudra:** Siéntese en una posición cómoda con la columna recta. Levante la mano derecha frente a usted con la palma hacia fuera y luego toque con el pulgar el dedo índice.
2. **Varada Mudra:** Siéntese en una posición cómoda con la columna recta. Levante la mano derecha delante de usted con la palma hacia fuera, luego toque con el pulgar el dedo corazón.
3. **Vayu Mudra:** Siéntese en una posición cómoda con la columna recta. Levante la mano derecha delante de usted con el pulgar y el índice tocándose, luego toque con las puntas de los dedos anular y meñique la palma de la mano.
4. **Prithvi Mudra:** Siéntese en una posición cómoda con la columna recta. Levante la mano derecha delante de usted con el pulgar y el índice tocándose, luego toque con la punta del dedo corazón la base del pulgar.
5. **Akasha Mudra:** Siéntese en una posición cómoda con la columna recta. Levante la mano derecha frente a usted con el pulgar y el índice tocándose, luego toque con la punta del anular y el meñique la palma de la mano.

Patrón respiratorio: Kapalabhati (Respiración del cráneo brillante)

Para practicar esta respiración, siéntese en una posición cómoda con la columna recta. Coloque las manos sobre las rodillas con las palmas hacia arriba. Inspire y espire por la nariz; al espirar, contraiga los músculos abdominales de forma que el estómago empuje hacia abajo y hacia dentro. Haga esto rápidamente durante 10 respiraciones, después relájese y respire normalmente.

Rutina del sábado

Esta rutina está diseñada para ayudar a su flexibilidad y mejorar su equilibrio. Comienza con algunas posturas básicas de pie y sentado, para pasar después a una serie de posturas más desafiantes que pondrán a prueba su equilibrio y flexibilidad. La secuencia termina con algunas posturas calmantes que le ayudarán a relajarse antes de acostarse.

Posturas
1. **Balasana (Postura del niño):** Empiece en posición de tabla con las manos y las rodillas en el suelo, luego siéntese sobre los talones y baje la frente hacia el suelo.
2. **Supta Baddha Konasana (Postura del ángulo agachado):** Túmbese boca arriba con las rodillas dobladas y los pies juntos, luego deje que las rodillas caigan abiertas hacia los lados.
3. **Setu Bandha Sarvangasana (Postura del puente):** Túmbese boca arriba con las rodillas dobladas y los pies apoyados en el suelo, luego levante las caderas y el pecho del suelo y presione los pies contra el suelo.
4. **Ardha Chandrasana (Postura de la media luna):** Empiece en la postura del Guerrero III, luego extienda los brazos a los lados e incline el torso hacia la derecha, extendiendo la mano izquierda hacia el suelo.

Mantras
1. **Om Shri Durgayai Namah (Mantra de Durga):** Cante este mantra 108 veces mientras está en la Postura del Niño.
2. **Om Namo Bhagavate Vasudevaya (Mantra de Vishnu):** Cante este mantra 108 veces mientras está en Postura del Ángulo Reclinado.

Mudras
1. **Akasha Mudra:** Siéntese en una posición cómoda con la columna recta. Levante la mano derecha frente a usted con los dedos pulgar e índice tocándose, luego toque la palma con la punta de los dedos anular y meñique.

2. **Prithvi Mudra:** Siéntese en una posición cómoda con la columna recta. Levante la mano derecha delante de usted con el pulgar y el índice tocándose, luego toque con la punta del dedo corazón la base del pulgar.
3. **Vayu Mudra:** Siéntese en una posición cómoda con la columna recta. Levante la mano derecha frente a usted con el pulgar y el índice tocándose, luego toque con las puntas de los dedos anular y meñique la palma de la mano.

Patrón respiratorio: Respiración con fosas nasales alternas (Nadi Shodhana)

Para practicar esta respiración, siéntese en una posición cómoda con la columna recta. Cierre la fosa nasal derecha con el pulgar derecho e inhale por la fosa nasal izquierda. A continuación, cierre la fosa nasal izquierda con los dedos anular y meñique derechos y exhale por la fosa nasal derecha. Continúe alternando las fosas nasales, inhalando y exhalando por cada una de ellas sucesivamente. Haga esto durante 10 respiraciones, luego suelte los mudras de las manos y respire normalmente.

Rutina del domingo

Esta rutina está diseñada para ayudarle a relajarse y desconectar después de una semana ajetreada. Comienza con algunas posturas básicas de pie y sentado, para pasar después a una serie de posturas más reconstituyentes que le ayudarán a relajar el cuerpo y la mente.

Posturas

1. **Halasana (Postura del arado):** Túmbese boca arriba con las piernas estiradas, luego levante las caderas y las piernas del suelo y por encima de la cabeza.
2. **Karnapidasana (Postura de la presión en las orejas):** Túmbese boca arriba con las rodillas dobladas y los pies apoyados en el suelo, luego levante las caderas y el pecho del suelo y presione con las palmas de las manos en las orejas.
3. **Supta Matsyendrasana (Postura de torsión espinal supina):** Túmbese boca arriba con las piernas estiradas, luego levante la pierna derecha y colóquela sobre la pierna izquierda. Extienda el brazo derecho hacia un lado y colóquelo en el suelo, luego gire el torso hacia la izquierda.

Mantras

1. **Om Namah Shivaya (Mantra de Shiva):** Cante este mantra 108 veces mientras está en la postura del arado.
2. **Om Namo Narayanaya (Mantra de Narayana):** Cante este mantra 108 veces mientras se encuentra en la Postura de Presión en la Oreja.

Mudras

1. **Jalandhara Mudra:** Siéntese en una postura cómoda con la columna recta. Baje la barbilla hacia el pecho y coloque las palmas de las manos en el suelo a su lado, luego presione con las palmas en el suelo y levante la barbilla hacia el techo.
2. **Mula Bandha Mudra:** Siéntese en una posición cómoda con la columna recta. Presione las palmas de las manos contra el suelo a su lado, luego levante las caderas del suelo y agarre los tobillos con las manos.
3. **Uddīyāna Bandha Mudra:** Siéntese en una posición cómoda con la columna recta. Doble las rodillas y coloque las palmas de las manos en el suelo a su lado, luego presione las palmas contra el suelo y levante las caderas del suelo. Sujete los tobillos con las manos y arquee la espalda.

Patrón respiratorio: Respiración 4-7-8 (Pranayama)

Para practicar este patrón respiratorio, siéntese en una posición cómoda con la columna recta. Coloque las manos sobre el estómago e inhale profundamente por la nariz, luego exhale por la boca mientras hace un sonido silbante. Repita este patrón respiratorio durante 4 minutos.

Meditación: Visualización

1. Siéntese en una posición cómoda con la columna recta y cierre los ojos.
2. Respire profundamente varias veces y concéntrese en su respiración entrando y saliendo de su cuerpo.
3. Una vez que haya calmado su mente, empiece a visualizar un lugar tranquilo. Puede ser cualquier lugar en el que haya estado antes o algún sitio al que siempre haya querido ir.
4. Visualice cada detalle de este lugar, desde los colores hasta los sonidos.

5. Dedique al menos 5 minutos a esta visualización, después abra lentamente los ojos y respire profundamente unas cuantas veces.

El Kriya Yoga es una poderosa herramienta que puede utilizarse para mejorar su bienestar físico, mental y emocional. Combinando asanas, mudras, mantras y ejercicios de respiración, puede crear una práctica adaptada a sus necesidades específicas. Tanto si busca aumentar sus niveles de energía, aliviar el estrés o simplemente conectar con su yo superior, el Kriya Yoga puede ayudarle a alcanzar sus objetivos. Ahí lo tiene Siete rutinas completas de Kriya Yoga que puede practicar en casa. Recuerde escuchar a su cuerpo y hacer lo que le resulte más cómodo.

Capítulo 10: Su práctica diaria de Kriya

Cuando se trata de Kriya Yoga, la constancia es la clave. Para que las técnicas tengan efecto en su vida, necesita seguir una rutina adecuada. Ahora que ha aprendido sobre las diversas técnicas involucradas en el Kriya Yoga, saber dónde debe comenzar su práctica puede ser bastante confuso. Este capítulo le proporcionará una rutina detallada de varias prácticas de Kriya junto con las técnicas de Asanas, Pranayama, meditación y Mudra para guiarle a lo largo del camino. Es importante que sea consciente de cómo debe dividir su tiempo de Yoga para conseguir el máximo posible en su horario. Seguir esta práctica será muy sencillo, pero los beneficios serán extraordinarios. Este horario está pensado para ser seguido diariamente con algunas variaciones.

Semana 1

Durante la primera semana, puede elegir entre las siguientes técnicas de asanas, meditación y pranayama para cada día. Se sugiere que mantenga su práctica diaria en unos 30 minutos, con 20 minutos para la práctica de asanas, 5 minutos para las técnicas de pranayama y los 5 minutos restantes para la meditación. Si lo desea, puede añadir 5 o 10 minutos de mudras y mantras. Tenga en cuenta que las técnicas presentadas para la primera semana son las más básicas y no requieren ninguna experiencia previa.

Asanas (20 minutos)

Como ya sabrá a estas alturas, cada asana tiene un beneficio único o un propósito específico para el que se practica. Para la primera semana, puede elegir entre las siguientes asanas. Antes de empezar a practicarlas, haga algunos ejercicios básicos de estiramiento. Termine la práctica de las asanas con una postura de enfriamiento y recuerde mantenerse hidratado.

- **Goolf Ghooman (Manivela del tobillo)**

Postura: La rodilla derecha doblada y el pie colocado sobre el muslo izquierdo. La mano derecha sostiene el tobillo y la izquierda sujeta los dedos de los pies para girarlos.

Respiración: Inhale durante el movimiento ascendente y exhale durante el movimiento descendente.

Toma de conciencia: En la respiración y contando las rotaciones.

- **Ardha Titali Asana (Media mariposa)**

Postura: Una pierna doblada por la rodilla con el pie colocado cerca de la ingle. Espalda flexionada con las manos alcanzando los dedos de la pierna estirada.

Respiración: Mantenga la postura durante 30 segundos mientras se toca los dedos de los pies. Exhale profundamente.

Conciencia: En su respiración y contando su respiración.

- **Shroni Chakra (Rotación de cadera)**

Postura: La rodilla derecha doblada con el talón sobre el muslo izquierdo. La articulación de la cadera rota en un movimiento circular.

Respiración: Inspire mientras realiza el movimiento ascendente y espire durante el movimiento descendente.

Toma de conciencia: En la respiración, las articulaciones de la cadera, las rotaciones, cualquier punto de presión o dolor y la posición de la cintura.

- **Utthanasana (Postura de agacharse y levantarse)**

Postura: Las rodillas dobladas lateralmente mientras se está de pie, con las nalgas bajadas para adoptar una posición en cuclillas.

Respiración: inhale mientras está de pie y exhale al bajar las nalgas y colocarse en posición.

Toma de conciencia: En su respiración, la posición de las rodillas y el recuento de las sentadillas.

- **Kawa Chalasana (Caminata del cuervo)**

Postura: Los pies se mantienen separados en posición de cuclillas con las manos en las rodillas. Una rodilla debe estar en el suelo. Con cada paso, la rodilla opuesta debe estar en el suelo.

Respiración: Respiración normal y rítmica.

Conciencia: En los latidos del corazón, la suavidad de los pasos y los músculos de la zona lumbar, las caderas y las rodillas.

- **Saithaly Asana (Postura de relajación animal)**

Postura: Rodilla derecha flexionada con el pie apoyado cerca de la cara interna del muslo izquierdo. Rodilla izquierda flexionada con el pie apoyado cerca de la nalga derecha. Torso girado hacia la derecha con la cabeza doblada y apoyada en la rodilla derecha con los brazos estirados hacia delante.

Respiración: inhale al colocarse en esta posición y exhale al apoyar la cabeza hacia abajo.

Toma de conciencia: En la respiración, los músculos de la espalda y el recuento de los segundos.

- **Marjari Asana (Postura del gato estirado)**

Postura: Reposo a cuatro patas con el vientre hacia el suelo, la barbilla levantada y la cabeza inclinada hacia atrás.

Respiración: Inspire y deje que el vientre se expanda hacia el suelo. Exhale y recoja el estómago.

Toma de conciencia: De los movimientos de la columna vertebral, el cuello y la cabeza.

Pranayama (5 min)

El pranayama es una parte importante de la práctica del Kriya Yoga, sin la cual no podrá entrar completamente en el estado de relajación para practicar la meditación. Aunque mucha gente confunde el pranayama con la meditación, son y deben ser tratados de forma diferente. Durante la primera semana, el pranayama debe realizarse todos los días durante cinco minutos. Puede elegir cualquiera de las tres técnicas que se comentan a continuación:

- **Siéntese en Sukhasana (postura fácil)**

Postura: Piernas cruzadas con las manos apoyadas en las rodillas y las palmas abiertas hacia fuera.

Respiración: Cierre la fosa nasal derecha con el pulgar derecho. Inhale por la fosa nasal izquierda y mantenga la respiración durante 5 segundos. Retire el pulgar de la fosa nasal derecha y exhale por ella.

Toma de conciencia: En su respiración y contando los segundos de cada respiración.

- **Respiración yóguica**

Postura: Con las piernas cruzadas en el suelo, o en una silla, con las manos relajadas y la columna erguida.

Respiración: Inhale un tercio de su capacidad pulmonar en el diafragma; la siguiente inhalación debe llenar la caja torácica y la tercera debe expandir la parte superior del pecho. En orden inverso, exhale.

Toma de conciencia: En su respiración a medida que se desplaza hacia los pulmones, en el movimiento de sus músculos.

- **Pranayama Samaveta**

Postura: Cualquier asana meditativa en la que se sienta cómodo y relajado.

Respiración: Inhale por ambas fosas nasales y contenga la respiración durante uno o dos segundos. Exhale lentamente y contenga la respiración de nuevo durante un segundo.

Toma de conciencia: Del ritmo de sus inhalaciones y exhalaciones.

Meditación (5 min)

- **Naukasana (Postura del barco)**

Postura: Posición supina con los pies estirados hacia atrás y los brazos detrás de la espalda.

Respiración: Inhale durante 20 segundos y eleve el cuerpo hacia arriba. Mantenga la posición durante 4 segundos y exhale durante otros 20 segundos para volver a bajar el cuerpo.

Toma de conciencia: En su mente, la respiración y el movimiento de los músculos.

- **Hong Sau**

Postura: Columna vertebral recta, pecho empujado hacia fuera en un ángulo de 45 grados, con la barbilla hacia fuera.

Respiración: Inhale y exhale siguiendo un patrón lento y rítmico.

Toma de conciencia: En sus pensamientos mientras canta Hong y Sau. En su respiración, mientras entra por sus fosas nasales y llega a sus pulmones. En la expansión y contracción de su pecho.

Segunda semana

Una vez que se haya acostumbrado a practicar Kriya Yoga a diario, podrá manejar asanas más complejas, así como técnicas de meditación avanzadas. Tenga en cuenta que el dominio de estas técnicas no se alcanzará nada más empezar a practicar, sino que solo será posible mediante una práctica constante. Para la segunda semana, puede elegir entre las siguientes técnicas de asanas, meditación y pranayama para cada día. Para esta semana, puede aumentar el tiempo de su práctica meditativa a 45 minutos, con 25 minutos dedicados al asana yoga, 10 minutos a la meditación y 10 minutos al pranayama. También puede añadir Mudras mientras realiza las técnicas de meditación y pranayama.

Asanas (25 minutos)

Para la segunda semana, puede elegir entre las siguientes asanas. Antes de empezar a practicarlas, haga algunos ejercicios básicos de estiramiento. Termine la práctica de las asanas con una postura de enfriamiento y recuerde mantenerse hidratado.

- **Chakki Chalanasana (batir el molino)**

Postura: Posición sentada con las piernas separadas, con ambas manos entrelazadas y extendidas. El movimiento sigue un círculo imaginario con las manos entrelazadas mientras mueve la parte superior del cuerpo.

Respiración: Inhale cuando mueva las manos y el cuerpo hacia delante o hacia la derecha, y exhale cuando se mueva hacia atrás o hacia la izquierda.

Toma de conciencia: En su respiración y en los músculos de las piernas, la ingle, los abdominales y los brazos.

- **Gatyatmak Meru Vakrasana (torsión dinámica de la columna vertebral)**

Postura: Con las piernas separadas y estiradas y los brazos alcanzando los dedos de cada pie. Asegúrese de que las piernas y los brazos no se doblan.

Respiración: Inspire cuando los dedos de las manos toquen los dedos de los pies y espire cuando vuelva a la posición inicial.

Toma de conciencia: Sobre el estiramiento torsional de la columna vertebral y otros movimientos musculares de todo el cuerpo.

- **Simha Kriya (bostezo del león)**

Postura: Posición de rodillas con ambos pies tocándose por la espalda. Manos apoyadas en el suelo mientras se inclina ligeramente hacia delante. La cabeza inclinada hacia atrás y la lengua doblada hacia atrás, tocando la parte posterior de la boca.

Respiración: inhale lentamente por la nariz en esta posición y suelte la lengua al final de la inhalación. Exhale con la boca y extienda la lengua hacia fuera mientras produce un sonido vocal firme.

Toma de conciencia: En su respiración, la tensión del cuello y los sonidos que emite.

- **Shashankasana (postura de la luna)**

Postura: Nalgas apoyadas en los pies con las manos sobre los muslos mirando hacia arriba. Los brazos levantados por encima de la cabeza y el cuerpo flexionado para apoyar la cabeza en las rodillas.

Respiración: Inspire cuando estire los brazos y espire cuando se doble para apoyar la cabeza hacia abajo. Retenga la respiración durante 5 ó 6 segundos antes de espirar.

Toma de conciencia: En su respiración, el estiramiento de los músculos y el recuento de las vueltas.

- **Sarpasana (postura de la serpiente)**

Postura: Túmbese boca arriba, con las piernas estiradas y juntas. Los dedos se entrelazan y las manos se colocan sobre las nalgas. La barbilla se apoya en el suelo y el cuerpo se eleva lo más posible hacia atrás.

Respiración: Inspire mientras eleva el cuerpo y espire para volver a bajarlo.

Toma de conciencia: En los brazos, las piernas, el pecho y la rigidez de los músculos.

- **Bhujangasana (postura de la cobra)**

Postura: El vientre mirando al suelo con las piernas estiradas y los dedos de los pies sosteniendo el cuerpo hacia arriba. Las manos apoyadas ligeramente en el suelo con el pecho y la cabeza inclinados hacia atrás.

Respiración: Inspire cuando mueva el cuerpo hacia arriba y espire para bajarlo.

Toma de conciencia: Sobre la tensión de sus músculos y su respiración.

Pranayama (10 min)

Las técnicas de pranayama de la segunda semana serán más avanzadas y requerirán cierta práctica. Asegúrese de centrarse en su respiración más que en su postura.

- **Pranayama Plavini**

Postura: Cualquier postura de meditación en la que se sienta cómodo. Asegúrese de que su columna vertebral esté recta y de que su pecho esté empujado hacia fuera.

Respiración: Inspire por la boca, dejando que el aire llene los pulmones. Cierre la boca y contenga la respiración durante unos segundos. Después, exhale profundamente por la boca manteniéndola en forma redonda.

Toma de conciencia: En su respiración y en la sensación de tranquilidad que le invade con cada inhalación y exhalación.

- **Nadi Shodhana**

Postura: Cualquier postura de meditación en la que tenga que sentarse erguido.

Respiración: Inhale y exhale por la fosa nasal derecha unas 5 a 10 veces mientras mantiene cerrada la izquierda. Repita esta operación con la fosa nasal derecha.

Toma de conciencia: En su respiración a medida que se mueve a través de la nariz y dentro de su cuerpo.

Meditación (10 min)

- **Conciencia del latido del corazón**

Postura: Cualquier postura de meditación en la que se sienta cómodo. Asegúrese de que la columna está recta y los hombros hacia atrás. Las dos manos deben colocarse sobre el corazón.

Respiración: Inhale y exhale profundamente.

Toma de conciencia: En el calor de sus manos, la subida y bajada de su pecho y el latido de su corazón mientras inhala y exhala.

Seguir un programa guiado garantizará que no se queme. Aunque la mayoría de las posiciones y técnicas iniciales del yoga son fáciles, necesitará practicar las más complejas para poder dominarlas. Practicando según el horario previsto, pronto verá una mejora notable.

Conclusión

El Kriya Yoga es una poderosa práctica espiritual que se remonta a más de dos mil años. En su esencia, el Kriya Yoga trata de la autorrealización, es decir, de ayudar a las personas a descubrir y abrazar plenamente la verdad divina de lo que realmente son. Esto implica una exploración profunda de la mente, el cuerpo y el espíritu, trabajando para despejar los bloqueos mentales y emocionales para lograr una mayor conciencia y paz interior. A través de ejercicios disciplinados, meditación enfocada y afirmaciones positivas, el Kriya Yoga puede ayudar a desbloquear el potencial de cada uno para el crecimiento personal y la iluminación. También es un viaje desafiante que requiere concentración, disciplina y dedicación. Si busca un camino espiritual que le lleve hacia el interior, hacia el corazón de su ser, el Kriya Yoga puede ser la elección perfecta para usted.

Esta guía fácil de seguir le ha introducido en los fundamentos del Kriya Yoga, desde su historia y conceptos clave hasta las técnicas esenciales que necesita para comenzar su viaje de autodescubrimiento. Ha aprendido sobre los chakras, el cuerpo sutil y cómo utilizar la respiración y la meditación para conectar con su yo superior. También ha explorado las diferentes asanas o posturas de Kriya Yoga que pueden ayudar a abrir los canales de energía de su cuerpo y promover un autoconocimiento más profundo. Además, ha descubierto cómo combinar todos estos elementos en una práctica diaria que apoyará su crecimiento y transformación continuos.

El Kriya Yoga es un sistema integral de autotransformación que se nutre de muchos elementos y prácticas diferentes. Tanto si se centra en mantras, mudras, asanas o pranayama, cada paso del Kriya Yoga está diseñado para ayudarle a acercarse a su verdad más elevada despejando las energías negativas y los bloqueos psíquicos.

En el corazón del Kriya Yoga se encuentra la meditación, que es la práctica principal a través de la cual puede alcanzar la verdadera quietud interior. Al cantar mantras y centrarse en pensamientos positivos o afirmaciones, puede aquietar su mente y ponerse en un estado más receptivo que le permita una mayor perspicacia y comprensión. Además de los beneficios de la meditación, el Kriya Yoga también utiliza posturas, técnicas de respiración y movimientos de las manos para aumentar los niveles de energía y promover el equilibrio en todos los niveles del ser.

Tanto si es nuevo en el Kriya Yoga como si lleva años practicándolo, siempre hay algo más que aprender y explorar en esta rica tradición. Con paciencia, dedicación y una mente abierta, cada elemento del Kriya Yoga puede conducirle por el camino hacia la iluminación y la plenitud final.

Cuando comience su práctica de Kriya Yoga por primera vez, es normal sentirse algo abrumado por todas las diferentes posturas, técnicas de respiración y prácticas de meditación implicadas. Sin embargo, con tiempo y paciencia, empezará a construir una base firme en los fundamentos de esta disciplina espiritual. Una vez que tenga una comprensión sólida de cómo funciona el Kriya Yoga y de lo que puede hacer por usted, es el momento de llevar su práctica al siguiente nivel. Esto puede significar probar posturas más desafiantes o centrarse en incorporar ciertos elementos como la visualización en sus sesiones de meditación.

Sea cual sea su camino, recuerde que cada pequeño paso es importante en su viaje hacia la iluminación. Por tanto, manténgase centrado, siga siendo disciplinado y continúe esforzándose para crecer y evolucionar como kriya yogui. Y lo que es más importante, recuerde siempre que esta práctica requiere dedicación, ¡así que manténgase comprometido y nunca se dé por vencido!

Segunda Parte: Turiya

La guía definitiva de la conciencia pura, filosofía hindú, Samadhi, Shiva y Shakti

Introducción

¿Alguna vez experimentó un estado de conciencia pura? ¿Dicha completa y unidad con el universo? Esto es lo que los hindúes llaman *turiya*, o conciencia pura.

La filosofía hindú se basa en la creencia de que una realidad suprema impregna y subyace a toda la creación. Esta realidad suprema se llama *Brahman*, y es el objetivo último de todos los buscadores espirituales. A menudo se describe a *Brahman* como un océano de conciencia infinito, omnipresente y eterno. Es la fuente y la meta de todas las cosas. Todo lo que existe es parte de *Brahman*, y todo se esfuerza por volver a *Brahman*.

Esta completa guía explorará turiya, cómo se relaciona con la filosofía hindú, y cómo se puede experimentar a través del yoga y la meditación. También proporcionaremos algunos consejos prácticos y técnicas que puede utilizar para allanar el camino hacia este estado último de conciencia.

Pero antes de sumergirnos, hay algunos conceptos básicos que debemos tratar. Hablaremos de *Shiva* y *Shakti*, los dos aspectos esenciales de *Brahman*. Estos dos conceptos son a menudo malinterpretados, por lo que es crucial entenderlos claramente antes de seguir adelante. A continuación, hablaremos de *Samadhi*, el objetivo de todas las prácticas de yoga y meditación. Una vez que entendamos claramente estos conceptos, exploraremos turiya en mayor profundidad.

Turiya es un estado de conciencia pura que está más allá de toda dualidad. Es el cuarto y último estado de conciencia en la tradición hindú. Los tres primeros estados son la vigilia, el sueño y el sueño profundo.

Turiya está más allá de todos estos estados. Es un estado de conciencia pura que no tiene límites. Turiya se describe a menudo como un estado de dicha completa. Es un estado de unidad con el universo. En este estado, no hay sensación de separación entre el observador y lo observado. No hay sensación de yo o mí. Sólo existe la conciencia pura.

Entonces, ¿cómo experimentamos este estado de conciencia pura? La información de esta guía se lo mostrará. En esta guía fácil de entender, también encontrará secuencias de yoga, técnicas de meditación y mantras que ayudarán a experimentar turiya. También aprenderá los pasos diarios para acercarse a este estado de conciencia pura. También disiparemos algunos mitos comunes sobre turiya para que pueda abordar este tema con claridad y comprensión.

Al final de esta guía, entenderá claramente qué es turiya y cómo puede experimentarlo usted mismo. También dispondrá de un conjunto de técnicas prácticas que podrá utilizar para allanar el camino hacia este estado supremo de consciencia. Así que ¡empecemos!

Capítulo 1: ¿Qué es turiya, o conciencia pura?

¿Alguna vez se ha preguntado qué es la conciencia? No es el único. Todos los grandes filósofos y pensadores espirituales a lo largo de la historia se han dedicado a intentar comprender la naturaleza de la consciencia. Y aunque existen muchas teorías diferentes, una de las más intrigantes procede de la tradición hindú.

Turiya se describe como el estado de conciencia pura, el estado de dios o un gran «silencio cósmico».[20]

En el hinduismo, existe un concepto conocido como turiya o conciencia pura. Se describe como el estado de conciencia pura, el estado de dios, o un gran «silencio cósmico». Para una descripción exhaustiva de lo que es turiya, lo mejor sería describir primero los cuatro estados de conciencia descritos por los *Vedas* y los *Upanishads*: *jagrata, svapna, Susupti* y, por último, turiya.

Este capítulo analizará la naturaleza de la conciencia según el hinduismo, centrándose en el concepto de turiya. Exploraremos en qué se diferencia turiya de los otros tres estados de conciencia y cómo lo describen las distintas tradiciones hindúes. También examinaremos los relatos de gurús y practicantes experimentados que han logrado acceder a este estado de conciencia pura. Por último, hablaremos de cómo turiya tiene sus etapas.

Los cuatro estados de conciencia

En la tradición hindú, todos los seres humanos pasan regularmente por cuatro estados distintos de conciencia. El primero de ellos se conoce como conciencia de vigilia, cuando somos plenamente conscientes y estamos despiertos. Durante este estado, experimentamos la vida con todo detalle, interactuando con nuestro entorno y asimilando nueva información sobre el mundo que nos rodea. Tras un periodo de vigilia llega el sueño, caracterizado por una intensa actividad mental que se produce mientras dormimos.

Mientras nuestro cuerpo descansa, nuestra mente sigue procesando información y generando ideas, creando imágenes y sensaciones vívidas. A continuación viene el sueño profundo, o *Susupti*, que marca una fase en la que la mente descansa por completo. Por último, hay un estado aún más profundo llamado turiya, a veces traducido como «conciencia pura», que implica un estado expandido de conciencia que no puede articularse por completo. Tanto si estamos despiertos como dormidos, estos cuatro estados son parte esencial del ser humano. Veamos cada uno de ellos con más detalle.

1. *Jagrata*: El estado de vigilia

Jagrata, o «el estado de vigilia», es un concepto que se encuentra en el corazón del hinduismo y otras tradiciones espirituales indias. En el estado *jagrata*, la conciencia permanece plenamente presente en el cuerpo y atenta al mundo exterior. A diferencia del sueño profundo o la ensoñación, una persona en *jagrata* experimenta una lucidez total, con todas sus facultades mentales funcionando con normalidad. Quizá uno de los principales beneficios del *jagrata* es que da lugar a una clara comprensión de las propias limitaciones físicas y mentales. Al ser más conscientes de cómo se eleva y desciende la conciencia en nuestro interior, podemos desarrollar la atención plena, que nos ayuda a sortear mejor los retos cotidianos de la vida y a experimentar una mayor paz y plenitud. Así que si está buscando profundizar en su práctica espiritual o simplemente desea vivir con más atención, aprender a permanecer en un estado de *jagrata* puede ser justo lo que necesita.

2. *Svapna*: El estado de ensoñación

Svapna, o el estado de ensoñación, ha sido otro concepto central en las tradiciones hindú y budista durante siglos. Se refiere a un estado mental en el que la conciencia se separa del cuerpo físico y viaja libremente por el reino espiritual. Algunos estudiosos afirman que este estado puede inducirse mediante técnicas como el yoga y la meditación, mientras que otros creen que sólo se produce espontáneamente durante el sueño o las prácticas espirituales intensas. Independientemente de sus orígenes o mecanismos, muchas personas consideran que el *svapna* es una experiencia poderosa y transformadora que ofrece una visión de la naturaleza de la realidad, el autoconocimiento y la iluminación. Lo comprendamos plenamente o no, el *svapna* representa una parte esencial de nuestra experiencia humana, que nos ayuda a explorar facetas de nosotros mismos que, de otro modo, podrían permanecer ocultas en nuestra vida de vigilia.

3. *Susupti*: El estado de sueño profundo

Susupti es la palabra sánscrita que designa un estado de sueño profundo y sin sueños. En este estado, el cuerpo y la mente se relajan por completo y entran en un estado de reposo absoluto. Aunque podemos entrar en *susupti* muchas veces a lo largo de la noche mientras dormimos, también puede experimentarse durante momentos de meditación profunda o concentración. Algunos científicos creen que el cerebro entra en una extraña especie de superconciencia durante estos momentos de *susupti*, lo que nos permite aprovechar nuestras capacidades mentales de formas normalmente imposibles. Esto puede ser cierto o no, pero no hay duda de que *susupti* tiene un gran poder y potencial para cualquiera que busque mayores niveles de relajación, paz interior o comprensión. Así que, ¿por qué no se toma hoy un tiempo para encontrar su estado de sueño profundo? Con práctica y paciencia, seguramente experimentará por usted mismo los increíbles beneficios de *susupti*.

4. Turiya: El estado de conciencia pura

En muchas tradiciones espirituales, turiya se considera el estado supremo de conciencia. A menudo se describe como una profunda quietud que trasciende toda actividad mental. En cierto modo, puede considerarse una especie de estado de superconsciencia en el que la conciencia se expande hasta su máximo potencial. Al estar más allá de las palabras o los conceptos, el turiya puede ser difícil de captar y comprender. Sin embargo, algunos han descubierto que cultivando ciertas técnicas o prácticas, como la atención plena o las técnicas meditativas, se puede llegar a alcanzar este extraordinario estado de conciencia pura. En última instancia, el turiya representa el objetivo último de muchos aspirantes a la búsqueda, y nos atrae hacia una verdad y una armonía más profundas dentro de nosotros mismos.

Turiya más allá de los otros tres estados

La mayoría de las tradiciones reconocen que la consciencia es mucho más de lo que parece. Sin embargo, muchas tradiciones tienden a centrarse en sólo uno o dos estados a la vez en lugar de explorar todos los aspectos de la conciencia en profundidad. Aunque cada estado de consciencia es significativo por sí mismo, también es valioso explorar estos estados juntos, reconociendo su interconexión y cómo trabajan juntos para crear nuestra experiencia global. Al hacerlo, adquirimos una comprensión más profunda tanto de nosotros mismos como del mundo que nos rodea. Y quizá lo más importante, empezamos a darnos cuenta de que la verdadera iluminación no consiste sólo en un estado mental concreto, sino que implica aprovechar todo el potencial de la conciencia humana en su conjunto.

En última instancia, esta perspectiva limitada puede obstaculizar nuestro desarrollo espiritual al limitar nuestra percepción de lo que hay más allá de los otros tres estados. Para alcanzar verdaderamente la iluminación, es decir, para realizar plenamente el potencial de la conciencia humana, debemos estar dispuestos y ser capaces de explorar cada dimensión sin apego ni aversión. Sólo entonces podremos embarcarnos en un viaje verdaderamente transformador hacia la verdad superior.

Turiya en diversas tradiciones hindúes

Turiya, a veces denominado *Samadhi* o éxtasis, se describe de forma muy diferente en las distintas tradiciones hindúes. En el *Vedanta*, turiya se describe como un profundo estado de unión con lo divino, caracterizado por una abrumadora sensación de atemporalidad y disolución de la identidad individual. Maharishi Mahesh Yogi, uno de los eruditos yóguicos más destacados del siglo XX, creía que turiya se alcanzaba mediante técnicas avanzadas de meditación y no implicaba ningún tipo de conciencia cognitiva. Por el contrario, Gaudapada y otros miembros de la escuela Shankara describen turiya como algo más que un estado espiritual; lo consideran una cualidad fundamental de la realidad misma. Independientemente del contexto específico en el que se trate, una cosa queda clara: turiya es profundamente transformador y ha sido venerado a lo largo de la historia por muchas ramas diferentes del hinduismo.

1. Visnuismo

En las escrituras del visnuismo, turiya es un término utilizado a menudo para describir el estado último del despertar espiritual. Este estado representa una trascendencia completa de toda actividad mental y sensorial y a menudo se equipara con la unidad con Dios. Según muchos de sus textos, alcanzar este estado requiere una intensa dedicación, una profunda práctica de la mendicidad y una devoción constante a las enseñanzas de los sabios. Sin embargo, a pesar de las dificultades para alcanzar turiya, se cree que este estado es alcanzable para cualquiera que esté dispuesto a esforzarse. Con persistencia y determinación, incluso una persona corriente puede alcanzar este estado espiritual tan elevado y experimentar la verdadera dicha. En definitiva, puede decirse que turiya es uno de los dones más preciados del visnuismo.

2. Shivaísmo

En la antigua tradición india del Shivaísmo, se dice que turiya es la energía primordial y la conciencia en el núcleo de toda existencia. A menudo descrita como trascendente e inminente a la vez, turiya suele concebirse sin forma y con una vasta gama de formas. Con sus inmensos poderes, se dice que ha creado muchos aspectos de la realidad, como universos, dioses y diosas, distintos niveles de conciencia e incluso seres sensibles como los humanos y los animales.

Turiya no sólo se considera una de las fuerzas más poderosas del universo, sino que también es venerado por su capacidad para despertar el verdadero potencial de las personas. Por lo tanto, no es de extrañar que muchos practicantes del shivaísmo se esfuercen por cultivar una estrecha conexión con esta fuerza universal que todo lo abarca. En esencia, turiya puede considerarse el génesis de todo lo que existe: atemporal y cambiante, lleno de sabiduría infinita y rebosante de creatividad sin fin. Ya sea que uno se conecte con a través de la meditación, la oración u otros medios, su poder es innegable, ofreciendo guía e inspiración a cualquiera que le busque.

3. Shaktismo

En el shaktismo, otra tradición del hinduismo dedicada al culto del principio femenino sagrado conocido como *Shakti*, turiya suele describirse como una fuerza divina que impregna todos los aspectos del universo. Este concepto puede entenderse tanto espiritual como metafísicamente. Por un lado, se cree que turiya se manifiesta en la experiencia sensorial como una presencia subyacente que atraviesa todas las cosas, conectándolas e infundiéndoles un sentido de divinidad. Por otro lado, turiya también representa un estado trascendente más allá del reino de la dualidad y la lógica. En este sentido, apunta a una realidad más profunda que no puede ser captada por la mente ni experimentada con los sentidos ordinarios. Tanto si se experimenta a nivel individual como cósmico, turiya se considera esencial para nuestra comprensión de la vida y de lo divino.

4. Smartismo

En la tradición del smartismo, turiya también se describe a menudo como el estado espiritual más elevado que se puede alcanzar. Este estado representa una profunda conexión con la verdadera naturaleza de uno mismo y abre nuevos reinos de conciencia y comprensión. Para alcanzar este estado, hay que practicar a diario la meditación y otras formas de introspección. Sin embargo, también es esencial cultivar la compasión por los demás, tanto humanos como no humanos. Al abrazar turiya, podemos encontrar sabiduría, paz y liberación del sufrimiento en nuestras vidas. A través de este proceso transformador, nos conectamos más plenamente con la luz divina que todos llevamos dentro. Aunque el camino para alcanzar turiya puede ser largo y difícil a veces, merece la pena dar cada paso. En última instancia, turiya demuestra que nuestro mayor poder no viene de fuera, sino de dentro de nosotros mismos.

5. Los *Vedas*

En los *Vedas*, turiya se describe a menudo como un estado esencial y sagrado del ser. Según las antiguas tradiciones de sabiduría, turiya es la cumbre de la conciencia humana, y alcanzar este estado puede ofrecer profundos conocimientos sobre la naturaleza de la realidad. Además, muchos maestros espirituales creen que turiya representa el objetivo último de todo crecimiento espiritual. Este elevado estado puede suponer un reto, pero quienes se dedican de todo corazón a su desarrollo interior pueden liberar todo su potencial y alcanzar la verdadera iluminación.

En última instancia, cuando logramos controlar nuestros pensamientos y sentimientos, turiya se revela como una experiencia profundamente transformadora que nos abre a nuevas dimensiones del ser. Con el tiempo, gradualmente nos conectamos más con el mundo que nos rodea y estamos más en sintonía con nuestro yo más verdadero: nuestra alma. Así, turiya puede verse como el viaje de cada uno hacia la realización de su naturaleza divina y hacia convertirse en un reflejo de la verdad y la belleza universales.

6. Los *Upanishads*

En los *Upanishads*, turiya se describe a menudo como un estado de conciencia pura e iluminación. Como uno de los cuatro estados trascendentes de conciencia, turiya representa el objetivo último de la meditación y la práctica espiritual, donde nos desapegamos por completo del mundo físico y profundizamos en nuestra verdadera naturaleza. Algunos estudiosos comparan este estado con alcanzar el nirvana o lograr la *moksha*, mientras que otros lo ven como un viaje continuo que abarca todas las etapas de la vida. Independientemente de cómo interpretemos este concepto, no cabe duda de que turiya representa uno de los conceptos más sagrados y profundos del hinduismo. Tanto si buscamos encarnar este ideal nosotros mismos como si simplemente integramos sus enseñanzas en nuestra vida cotidiana, el poder y la sabiduría de turiya seguirán guiándonos en nuestro camino hacia una mayor comprensión.

7. El *Bhagavad Gita*

Según el *Bhagavad Gita*, turiya es el estado supremo de conciencia. Se dice que este estado se caracteriza por una perfecta quietud y conciencia. Trasciende toda actividad mental y nos permite experimentar una profunda sensación de paz y serenidad. Algunos han descrito el turiya como un estado de conciencia pura, en el que estamos totalmente inmersos en la belleza interior y la tranquilidad que se extiende más allá de nuestra realidad percibida. Otros lo ven como una fusión con la esencia divina o espiritual de todas las cosas, una trascendencia que nos permite reconectar con nuestra verdadera naturaleza y descubrir una alegría y plenitud duraderas. Independientemente de cómo decidamos describirlo, turiya tiene el poder de despertarnos a nuevos niveles de comprensión y aprecio por nosotros mismos, los demás y el mundo que nos rodea. Tanto si buscamos paz, claridad o una mayor conciencia espiritual, turiya tiene la clave.

8. Los *Yoga sutras de Patanjali*

Turiya es una experiencia mística de estar plenamente consciente y presente en el momento, más allá de los límites del pensamiento y el lenguaje. Según los *Yoga Sutras*, este estado puede alcanzarse practicando la meditación con regularidad, centrándose en la percepción clara y el desapego a los pensamientos u objetos. Turiya también puede permitir a los practicantes experimentar estados superiores de empatía y compasión por los demás y tener una mayor sensación de conexión con todo lo que les rodea. En general, turiya representa una oportunidad de crecimiento tanto a nivel individual como espiritual, y es algo a lo que cualquier persona interesada en los aspectos más profundos del yoga debería aspirar.

9. Otros textos hindúes

Otros textos hindúes también hacen mención de turiya, aunque a menudo se refieren con otros nombres como *Samadhi* o nirvana. En el *Mahabharata*, por ejemplo, se dice que turiya es un estado de completo desapego del mundo material y de completa absorción en lo divino. El *Ramayana* ilustra turiya como un estado de satisfacción absoluta, en el que un individuo está libre de apegos y deseos mundanos, y su alma ha trascendido el ciclo de la reencarnación. Estos textos ilustran las muchas formas diferentes en que puede entenderse, pero todos apuntan al mismo objetivo final: un estado de liberación completa y total de las limitaciones de nuestra realidad física.

Relatos de gurús y practicantes experimentados que han accedido a turiya

Los relatos de gurús y practicantes experimentados que han accedido al estado conocido como turiya son algunas de las obras literarias más fascinantes e inspiradoras del mundo. Estos relatos hablan de un estado que trasciende la conciencia ordinaria y empuja la propia conciencia a nuevas alturas. Lo más extraordinario de estos relatos no es sólo lo que describen, sino también cómo lo describen: con tal viveza, precisión y detalle que uno casi puede sentir sus experiencias.

Muchos de estos relatos de primera mano se centran en la sensación y la experiencia de una mayor conciencia. Algunos describen una sensación de unidad con la existencia, llena de ligereza, profunda alegría, ilimitación y gracia. Otros hablan de momentos en los que el tiempo parece ralentizarse o detenerse por completo y tienen una mayor percepción de la realidad. Y otros hablan de experimentar niveles superiores de creatividad, inspiración e intuición, más allá de lo que habían creído posible.

Sea cual sea la naturaleza o las cualidades específicas que hayan experimentado en este estado, todos estos relatos describen el turiya como algo realmente asombroso y transformador. Tanto si las personas se enfrentan a profundas cuestiones existenciales sobre la vida y la muerte como si simplemente se maravillan ante la belleza ilimitada del universo, lo que aprenden en este estado invariablemente les cambia para siempre. A través de sus palabras y experiencias, podemos empezar a vislumbrar lo vastos que pueden ser nuestros mundos interiores, si tan sólo sabemos dónde mirar.

1. Ramana Maharshi

Ramana Maharshi, influyente filósofo y maestro místico indio, describió su propia experiencia de acceso al turiya en uno de sus escritos. En su relato, explica que tras experimentar una profunda sensación de quietud interior, despertó de repente al hecho de que existía en un nivel mucho más fundamental de lo que había creído hasta entonces. En el núcleo de su ser, todos los pensamientos, emociones y deseos parecían disolverse en la nada. A través de este encuentro transformador con el turiya, Ramana llegó a comprender plenamente la unidad subyacente entre él mismo y todos los seres del universo. Hayamos tenido o no nosotros experiencias similares, su historia nos ofrece una intrigante visión de esta elusiva dimensión de la conciencia.

2. Nisargadatta Maharaj

Nisargadatta Maharaj fue uno de los maestros espirituales más influyentes de su época, conocido por sus profundas ideas sobre la naturaleza de la conciencia y la realidad. Aunque Maharaj era muy respetado por sus seguidores, atribuyó su despertar, conocido en todo el mundo, a un proceso bastante sencillo. Según su relato, todo comenzó cuando una noche, sentado bajo las estrellas, tuvo una epifanía. De repente se dio cuenta de que él no era diferente de esas luces parpadeantes en el cielo, ya que todo, incluso él mismo es en última instancia una expresión de la misma conciencia subyacente. Conocer esta verdad a un nivel intuitivo le permitió acceder a algo mucho más grande que nosotros mismos, a lo que se refirió como turiya, o conciencia pura sin pensamientos ni sentimientos. Aunque al principio muchos se mostraron escépticos ante las afirmaciones de Maharaj, con el tiempo, cada vez más personas llegaron a reconocer la validez y la sabiduría detrás de sus enseñanzas sobre la autorrealización.

3. Swami Vivekananda

Durante siglos, filósofos y maestros espirituales han tratado de explicar los misterios de la mente humana. Mientras que algunos creían que el estado último del ser sólo podía alcanzarse a través de la meditación o el estudio intelectual intenso, Swami Vivekananda creía que era posible alcanzar este estado avanzado realizando ciertas prácticas físicas. Al cuarto estado de conciencia, turiya, puede acceder cualquiera que aprenda a aquietar su mente y su cuerpo. Siguiendo sus instrucciones únicas para conectar físicamente con el ser interior, Vivekananda afirmaba que cualquiera podía liberar todo su potencial y acceder a turiya.

Al experimentar por sí mismos este estado exaltado, los individuos obtendrían una comprensión sin parangón de la naturaleza de la realidad misma. En este mundo en rápida evolución, nos enfrentamos constantemente al reto de superarnos a nosotros mismos y alcanzar nuevas metas. Hoy en día, muchas personas atribuyen a las enseñanzas de Swami Vivekananda el haberles proporcionado las herramientas que necesitan para navegar por este paisaje en constante cambio, desbloqueando su verdadero potencial y descubriendo el conocimiento directo de la realidad. A través de su sabiduría transformadora, Vivekananda nos ofrece una perspectiva única de la experiencia humana, animándonos a encontrar el sentido dentro de nosotros mismos en lugar de perseguir la validación externa.

Las etapas de turiya

A lo largo de los antiguos textos de yoga y filosofía hindú, encontramos referencias a un estado de conciencia distinto conocido como turiya. La palabra turiya deriva de dos palabras sánscritas que significan «cuarto» y «estado». Esto se refiere al hecho de que este estado es el cuarto o más alto nivel de conciencia. Hay varias etapas o fases específicas asociadas con turiya avastha, incluyendo Sahaja avastha (el estado natural o innato), kevala avastha (el estado absoluto), y turyatita avastha (la quinta, o más elevada, fase). Aunque está claro que cada etapa representa una profundización de la conciencia y una mayor apertura de ésta a niveles superiores de la realidad, todavía hay mucho que desconocemos sobre este estado misterioso y transformador. No obstante, cualquiera que desee explorar su potencial para el despertar espiritual haría bien en empezar por buscar dentro de sí mismo la verdadera experiencia de turiya.

Sahaja Avastha: El estado natural

En el *sahaja avastha* o estado natural, accedemos a nuestro nivel más elevado de conciencia sin ningún esfuerzo o entrenamiento. Este es el estado de verdadera autorrealización, en el que despertamos espontáneamente a nuestra naturaleza divina y experimentamos una profunda sensación de paz y dicha. A este estado también se le llama «el estado constante» porque es nuestra configuración natural por defecto. Todos tenemos el potencial de vivir en este estado permanentemente, pero a menudo nos quedamos atrapados en el ruido y el desorden de nuestras mentes, lo que oscurece nuestra verdadera naturaleza y nos impide acceder a la paz y la dicha que son posibles.

Kevala Avastha: El estado absoluto

El *kevala avastha*, o estado absoluto, es el de la conciencia pura, libre de todas las limitaciones conceptuales. En este estado, ya no estamos identificados con nuestros pensamientos, emociones o cuerpos físicos. Simplemente somos conscientes de ser y experimentamos una profunda sensación de paz y unidad con toda la creación. Este estado también se conoce como «el estado testigo» porque observamos el juego de la creación sin quedar atrapados en él. Permanecemos centrados en nuestra verdadera naturaleza, independientemente de lo que ocurra a nuestro alrededor.

Turyatita Avastha: El estado más elevado

El *turyatita avastha*, o estado más elevado, es un estado de completa trascendencia. Es cuando ya no somos conscientes ni siquiera de nuestra existencia. Somos uno con lo absoluto y experimentamos una profunda sensación de paz y dicha. Este estado también se conoce como «el estado más allá de turiya» porque está más allá de todas las limitaciones conceptuales. En este estado, ya no estamos limitados por el tiempo o el espacio, y experimentamos un profundo sentido de unidad con toda la creación.

Turiya, o «el cuarto estado», es un concepto profundamente arraigado en muchas tradiciones hindúes. Aunque las distintas denominaciones y linajes describen este estado de conciencia de forma diferente, todas coinciden en que es el estado más elevado posible del ser. Algunos creen que turiya es una realidad trascendente más allá del tiempo y el espacio, mientras que otros lo ven como un estado subyacente de conciencia que impregna las experiencias de vigilia y sueño.

Los expertos que han accedido a este estado de conciencia pura lo describen como un estado de paz y dicha completas. En este estado, ya no nos identificamos con nuestros pensamientos, emociones o cuerpos físicos. Simplemente somos conscientes de ser y experimentamos una profunda sensación de unidad con toda la creación. Aunque turiya es el estado de conciencia más elevado, también es el más difícil de alcanzar. Requiere mucho entrenamiento espiritual y práctica para alcanzarlo.

Hay varias etapas o fases asociadas con *turiya avastha*, incluyendo *sahaja avastha* (el estado natural o innato), *kevala avastha* (el estado absoluto) y *turyatita avastha* (el estado más elevado). Cada etapa representa una profundización de la conciencia y una mayor apertura de ésta a niveles superiores de realidad. Conocer y experimentar estas etapas puede ayudarnos a comprender nuestro potencial de crecimiento y despertar espiritual.

Aunque el concepto de turiya puede ser difícil de comprender, todos tenemos el potencial de experimentar este estado de conciencia pura. Es nuestro derecho de nacimiento. Con práctica y dedicación, todos podemos acceder a la paz y la dicha de *turiya avastha*.

Capítulo 2: Fundamentos de la filosofía hindú

La filosofía hindú es un tema complejo y multifacético que abarca diferentes escuelas de pensamiento y creencias. Dependiendo de la perspectiva de cada uno, la filosofía hindú puede ser vista como un tapiz interminable de ideas y conceptos o como un sistema profundamente interconectado de sabiduría tradicional. Algunos temas comunes centrales en gran parte del pensamiento hindú incluyen la importancia del karma, el objetivo de la liberación del sufrimiento mundano, la creencia en la reencarnación y la idea de que todos los seres vivos están intrínsecamente conectados a través de una conciencia universal.

La filosofía hindú es un tema complejo y polifacético, que abarca varias escuelas de pensamiento y creencias diferentes[21]

Independientemente de la interpretación particular que cada uno haga de estos conceptos, forman el núcleo de la rica tradición que es la filosofía hindú. En última instancia, depende de cada persona tomar lo que le resuene de este fascinante tema e incorporarlo a su comprensión del mundo. En este capítulo, exploraremos algunas ideas clave y escuelas de pensamiento dentro de la filosofía hindú para comprender mejor este complejo y antiguo sistema de pensamiento.

La naturaleza del alma

Según la filosofía hindú *Advaita Vedanta*, el alma es una parte fundamental e inmutable de todos los seres vivos. Esta idea se basa en la creencia de que toda la materia está interconectada, y cada individuo está profundamente conectado con el mundo que le rodea. Desde este punto de vista, nuestras almas no están separadas de la naturaleza, sino que son parte integrante de ella. Este concepto suele llamarse «la unidad de todas las cosas». Teniendo en cuenta estos principios centrales del pensamiento hindú, está claro que el alma se considera algo íntimamente conectado con el mundo natural en su conjunto y reflejo de él. En esencia, la naturaleza del alma, tal y como la concibe la filosofía hindú, se define por la armonía y la unidad con toda la vida.

Conciencia

La conciencia es uno de los principios fundamentales de la filosofía hindú *Vedanta*. Según esta filosofía, la conciencia no es sólo lo que nos permite experimentar el mundo que nos rodea, sino también lo que da origen a todos los aspectos de nuestra realidad y existencia. En otras palabras, la conciencia se considera la raíz de nuestros mundos exterior e interior y guía nuestros pensamientos, sentimientos y acciones.

Los filósofos hindúes creen que la conciencia puede adoptar muchas formas o capas diferentes. Por ejemplo, existe un profundo nivel sensible de conciencia que impregna todos los aspectos de la realidad, y también hay diminutos recipientes o partículas que transportan esta conciencia universal por todo el universo. Aunque tendamos a pensar en la conciencia en términos de mentes humanas o conciencia individual, los hindúes creen que envuelve todas las cosas tanto en un sentido infinito como finito. Por lo tanto, según el hinduismo, comprender este concepto es clave para cualquiera que desee comprender plenamente la naturaleza de la realidad.

El mundo

Según la filosofía hindú, el mundo es un velo de ilusión que oculta nuestro verdadero yo. Desde esta perspectiva, todo en el universo, desde nuestras relaciones más queridas hasta los alimentos que comemos y nuestras posesiones, no es más que una manifestación temporal de una realidad eterna subyacente. Esta idea se manifiesta de muchas maneras en el pensamiento hindú, pero quizá uno de sus conceptos más poderosos sea el énfasis en la coexistencia armoniosa entre los seres humanos y la naturaleza. De hecho, las escrituras hindúes ven la Tierra como un ser vivo lleno de energía divina, o *prana*, y sostienen que todas las personas deben respetar y nutrir esta energía si quieren mantener la vida en este planeta.

Tanto si nos fijamos en las antiguas enseñanzas hindúes como en prácticas modernas como la agricultura ecológica y las energías renovables, está claro que esta visión del mundo ha influido profundamente en la forma en que los hindúes ven su relación con el mundo natural. En el fondo, la filosofía hindú no es sólo un sistema de creencias espirituales, sino también una ética medioambiental que nos llama a todos a cuidar y proteger nuestro hermoso planeta.

Prana

El *prana*, o energía vital, es un concepto esencial en la filosofía hindú. Según las antiguas enseñanzas, el *prana* es uno de los elementos primarios del universo y proporciona la fuerza vital que permite a todos los seres vivos crecer y prosperar. En los humanos, el *prana* fluye a través de la respiración y circula por todo el cuerpo a través de una compleja red de canales energéticos llamados *nadis*. Los seguidores creen que regular el flujo de *prana* a través de estos canales puede tener beneficios de gran alcance para la salud física y mental.

Se cree que la práctica de técnicas de respiración y meditación aumenta la cantidad de *prana* en el cuerpo y mejora la sensación general de bienestar. Así pues, aunque el *prana* puede ser un concepto difícil de comprender plenamente desde una perspectiva académica, es una parte clave del pensamiento hindú tradicional y una parte crucial de la práctica espiritual.

Los chakras

Según la antigua filosofía hindú, los siete centros energéticos principales se denominan chakras. Situados por todo el cuerpo, estos chakras representan diferentes aspectos de nuestro ser, desde la constitución física y mental hasta la perspectiva espiritual. Cada chakra contiene energía de distintos colores que irradia hacia el exterior a través de canales conocidos como *nadis*. Mediante prácticas como el yoga y la meditación, podemos aprender a aprovechar esta energía para lograr armonía y equilibrio en nuestras vidas. Tanto si busca más fuerza y vitalidad como un sentido más profundo de conexión con el universo, prestar atención al estado de sus chakras puede ayudar en su viaje. He aquí una lista de los siete chakras y sus significados asociados:

El chakra raíz (Muladhara): Situado en la base de la columna vertebral, este chakra está asociado con nuestros instintos de supervivencia más básicos. Gobierna nuestra sensación de seguridad y nos ayuda a sentirnos enraizados y conectados con la tierra.

El chakra sacro (Swadhisthana): Este chakra está situado justo debajo del ombligo y se asocia con el elemento agua. Gobierna nuestras emociones y es responsable de nuestra creatividad y energía sexual.

El chakra del plexo solar (Manipura): Este chakra está situado en la zona del plexo solar, justo debajo del esternón. Se asocia con el elemento fuego y rige nuestro sentido del poder personal y la autoestima.

El chakra del corazón (Anahata): El chakra *Anahata*, que se traduce aproximadamente como «ileso» o «sin daños», está situado en el centro del pecho. A menudo está simbolizado por el elemento aire debido a su representación de la capacidad intelectual y la espiritualidad. Gobierna nuestra capacidad de amar y ser amados y es responsable de nuestro sentido de la compasión y la empatía.

El chakra de la garganta (Vishuddha): Este chakra está situado en la zona de la garganta y se asocia con el elemento éter. Gobierna nuestra capacidad de comunicación y es responsable de nuestro sentido de la veracidad y la integridad.

El chakra del tercer ojo (Ajna): Este chakra está situado entre las cejas y se asocia con el elemento de la mente. Gobierna nuestra capacidad de ver con claridad y es responsable de nuestra intuición e imaginación.

El Chakra de la corona (Sahasrara): El chakra de la coronilla, situado en la parte superior de la cabeza, se asocia con la energía espiritual. Gobierna nuestra conexión con lo divino y es responsable de nuestra sensación de iluminación y sabiduría espiritual.

Trabajando con los chakras, podemos aprender a cultivar una mayor salud, felicidad y armonía en nuestras vidas. Mediante prácticas como el yoga y la meditación, podemos comprender el papel que desempeñan estos centros energéticos en nuestro bienestar general.

Atman

Atman, o «yo», es un concepto fundamental de la filosofía hindú que se refiere a la esencia de un individuo. En la creencia hindú, *Atman* une a todos los seres vivos y existe independientemente de la apariencia externa o las circunstancias de cada uno. Aunque el *Atman* de cada persona sea único e individual, también está interconectado con el universo. Según las enseñanzas hindúes, el objetivo último en la vida es realizar nuestra verdadera naturaleza como *Atman* y unirnos a la conciencia divina de *Brahman*. Mediante la meditación, la devoción y la sabiduría, podemos aprovechar el potencial ilimitado de nuestras almas y encontrar la felicidad y la plenitud duraderas. Tanto si comprendemos plenamente su significado como si no, *Atman* sigue siendo un concepto central en el pensamiento hindú que sirve como fuente de inspiración para todos nosotros.

Brahman

El concepto de *Brahman* está en el corazón de la filosofía y la espiritualidad hindúes. Se trata de una noción muy abstracta, por lo que puede resultar difícil comprender plenamente su significado e importancia. Sin embargo, en su esencia, *Brahman* representa el alma o la esencia del universo. Se considera la fuente de toda creación y a menudo se describe como una energía creativa vasta e ilimitada. Al cultivar la conciencia de esta energía en nuestro interior, podemos comprender mejor nuestro lugar en el cosmos y acercarnos a la iluminación espiritual. Así pues, para muchos hindúes, *Brahman* representa una verdad última sobre la existencia y un principio rector esencial para vivir una vida con sentido.

Karma

Según la antigua filosofía hindú del karma, todas nuestras acciones se rigen por un ciclo universal de causa y efecto. Seamos o no conscientes de ello, cada vez que tomamos una decisión, actuamos o pronunciamos una palabra, contribuimos a esta visión del mundo y, a su vez, forjamos nuestro destino. Mientras que algunos ven el karma simplemente como un sistema de recompensas y castigos por nuestras acciones, otros lo ven como una herramienta para el crecimiento espiritual y el autodescubrimiento. Independientemente de cómo se interprete esta compleja filosofía, el principio del karma tiene un profundo significado para muchos hindúes y sigue influyendo en sus vidas y su cultura hoy en día. Esencialmente, es un recordatorio de que nuestras elecciones tienen consecuencias de largo alcance para nosotros y los que nos rodean. Y, en última instancia, nuestras interacciones con el mundo dan forma a la persona en la que nos convertimos.

Moksha

Moksha, o liberación espiritual, es otro principio fundamental de la filosofía hindú. Según este antiguo sistema de creencias, para alcanzar *moksha* hay que desprenderse de las cosas del mundo y llegar a un estado de unión con *Brahman*, la esencia divina que impregna toda la creación. Este proceso puede implicar varias etapas o niveles de iluminación, como el *jnana yoga*, el camino de la sabiduría; el *karma yoga*, el camino de la acción; y el *bhakti yoga*, el camino de la devoción. En última instancia, sin embargo, *moksha* no se refiere tanto a un conjunto específico de prácticas o creencias como a un estado de libertad absoluta y trascendencia del sufrimiento. Así pues, tanto si busca la paz interior, la ecuanimidad emocional o el despertar espiritual, la idea central de *moksha* ofrece un excelente principio rector en su viaje hacia la conciencia superior.

Samsara

En la filosofía hindú, el *samsara* se describe a menudo como un patrón cíclico de nacimiento, muerte y renacimiento. Según esta visión del mundo ampliamente aceptada, nuestras vidas actuales son sólo una etapa de un ciclo de existencia en constante movimiento. Para liberarnos de esta espiral sin fin y alcanzar la verdadera liberación, primero debemos comprender la naturaleza del *samsara* y lo que hace falta para escapar de él. Esto puede lograrse mediante la práctica espiritual diligente y la devoción a la verdad divina. En última instancia, las enseñanzas hindúes sostienen que el *samsara* representa una ilusión que puede superarse con sabiduría y perspicacia espiritual. Sólo abrazando esta verdad liberadora podemos trascender el ciclo sin fin de una vez por todas.

Yoga

El yoga es una práctica que forma parte de la filosofía hindú desde hace miles de años. Para los antiguos hindúes, el yoga no era simplemente una serie de ejercicios y meditaciones destinados a lograr avances físicos o mentales. Más bien se consideraba un camino espiritual con poderes transformadores, que guiaba a los practicantes hacia el desarrollo de conexiones más estrechas con el mundo natural y con sus semejantes.

Hoy en día, el yoga moderno sigue influido por estas enseñanzas intemporales, centrándose en movimientos más tranquilos y respiraciones más profundas para acceder a partes ocultas de uno mismo. Tanto si desea conseguir flexibilidad física como si simplemente busca una forma de mejorar su rutina de meditación, el yoga ofrece abundantes beneficios que le ayudarán a reconectar con su ser más íntimo. ¿Qué espera? Súbase a su esterilla y empiece hoy mismo a explorar esta antigua práctica espiritual.

Las tres gunas

Según la antigua filosofía hindú, hay tres «gunas» básicas, o características de la personalidad, que rigen a todos los seres vivos. La primera es *sattva*, que significa «pureza» o «bondad». Los individuos con una naturaleza predominantemente *sáttvica* tienden a ser tranquilos, centrados y compasivos. La segunda es *rajas*, que significa «pasión» o «agresión». Los que tienen una fuerte cualidad *rajásica* son dinámicos e impulsivos, siempre en busca de nuevos retos que conquistar.

Por último, está *tamas*, que puede considerarse la guna perezosa. Los individuos que muestran esta cualidad tienden a ser perezosos y resistentes al cambio; también suelen luchar contra la depresión y la desesperación. Aunque ningún individuo encarnará sólo una de estas gunas, la mayoría de las personas tienen una inclinación innata hacia una o más de estas personalidades. Comprender las diferentes gunas puede ayudarnos a entendernos mejor a nosotros mismos y a los que nos rodean.

Las cuatro nobles verdades

Las cuatro nobles verdades son un concepto esencial de la filosofía hindú. Según estas verdades, la vida se caracteriza por el sufrimiento y la insatisfacción, y la causa fundamental de esta insatisfacción es el deseo. Para liberarnos de esta lucha, primero debemos reconocer la verdadera naturaleza de nuestros deseos y comprender que éstos nunca nos satisfarán plenamente. Una vez alcanzada esta comprensión, podemos pasar a la segunda noble verdad: la forma de eliminar nuestros deseos es mediante un proceso de autodisciplina y meditación. Por último, mediante la práctica y la disciplina, podemos empezar a superar emociones negativas como la ira o los celos, liberándonos en última instancia del sufrimiento y alcanzando un estado de verdadera iluminación.

La tercera y la cuarta verdades nobles ofrecen una guía para alcanzar este objetivo, ofreciendo consejos prácticos para ayudarnos en nuestro viaje hacia la liberación. Estas verdades son una parte fundamental de la filosofía hindú y ofrecen valiosas perspectivas sobre la condición humana. Tanto si está familiarizado con la filosofía hindú como si no, estas nobles verdades proporcionan un marco crucial para vivir una vida mejor. Si lucha por encontrar satisfacción en su vida, considere la posibilidad de profundizar en las cuatro nobles verdades. Puede que en ellas esté la clave de la verdadera felicidad.

El óctuple sendero

El óctuple sendero es otra poderosa herramienta para el crecimiento espiritual y la iluminación. Este camino consiste en ocho prácticas o actitudes diferentes, cada una de las cuales es esencial para alcanzar niveles superiores de conciencia. Entre ellas se incluyen la visión correcta, la aspiración correcta, la palabra correcta, la conducta correcta, los medios de vida correctos, el esfuerzo correcto, la atención correcta y, por último, la concentración correcta. Al comprometerse con estos aspectos del óctuple sendero, uno puede cultivar una mayor sabiduría y conciencia tanto en su propia vida como en sus interacciones con los demás. Uno puede encontrar la verdadera felicidad y plenitud adoptando el enfoque holístico que ofrece este camino y esforzándose por un autodesarrollo y una transformación continuos.

La interconexión de todas las cosas

En la filosofía hindú, se considera que todo en el universo está interconectado a un nivel fundamental. Esta idea se refleja en el concepto de karma, que sostiene que toda acción tiene consecuencias que se manifiestan tanto a escala personal como cósmica. La interconexión de todas las cosas también se extiende a nuestro entorno físico, ya que casi todos los seres vivos de la Tierra dependen de recursos naturales que deben reponerse continuamente mediante ciclos de nacimiento, crecimiento y muerte.

De este modo, la humanidad es responsable de cuidar y salvaguardar el mundo natural que nos rodea por el bien de nuestro bienestar kármico y el de las generaciones venideras. Tanto si es un yogui devoto como si simplemente aprecia las maravillas de la naturaleza, está claro que la comprensión de la interconexión puede ayudar a apreciar su lugar en la vasta red de la vida. Al fin y al cabo, lo que hacemos ahora sí que importa.

Dharma

Dharma, según la filosofía hindú, es otro elemento central de la religión y la cultura de la India. Aunque tiene varios significados diferentes según el contexto, el *dharma* se entiende generalmente como un conjunto de principios morales o deberes que guían a los individuos y a la sociedad. Por ejemplo, uno de los conceptos más básicos del *dharma* es *Rita*, o la forma correcta de vivir según las leyes de la naturaleza. Esto incluye realizar un trabajo honesto, cuidar de los necesitados y vivir en armonía con todos los seres vivos. El *dharma* también da forma a las interacciones sociales entre los individuos, lo que incluye respetar a los mayores y responsabilizar a los miembros de la familia de sus actos. A un nivel más metafísico, el *dharma* también se entiende como el principio subyacente del orden y la justicia cósmicos. En este sentido, representa el equilibrio natural del universo y el flujo de energía.

Satya

En la filosofía hindú, *Satya* es una de las virtudes cardinales. Este concepto, traducido como veracidad o sinceridad, sostiene que las palabras y acciones de cada persona deben ser intrínsecamente buenas y reflejar sus creencias más íntimas. *Satya* encarna un objetivo global para que el devoto religioso encarne la bondad en todo lo que hace, desde cómo trata a los demás hasta cómo se comporta en su vida cotidiana.

Practicar *Satya* es un viaje personal que requiere reflexión y conciencia constantes. Requiere que seamos conscientes de nuestras interacciones con los demás e introspectivos sobre nuestros motivos y objetivos. Aunque a veces puede resultar difícil mantener este nivel de integridad y honestidad en nuestra vida diaria, aquellos que pueden seguir este camino virtuoso serán sin duda recompensados por sus esfuerzos tanto en el plano espiritual como en sus relaciones con los demás. En última instancia, si nos esforzamos por vivir según los principios de *satya*, podremos convertirnos en las personas auténticas que siempre hemos querido ser.

Artha

Artha se refiere a la búsqueda de la prosperidad social y económica. Este concepto incluye cualquier actividad que nos ayude a conseguir riqueza, poder y prestigio. Aunque mucha gente ve el *artha* como una búsqueda totalmente materialista, esta perspectiva ignora el hecho de que está íntimamente entrelazado con el bienestar mental, espiritual y emocional de un individuo. Al fin y al cabo, tener dinero y estatus puede ayudar a mejorar nuestra calidad de vida al proporcionarnos seguridad y permitirnos mantener a nuestra familia. *Artha* también nos anima a ser motivados y orientados a objetivos, lo que nos ayuda a conseguir grandes cosas en la vida y favorece a la sociedad en su conjunto. En resumen, *artha* es una parte esencial de la experiencia humana que debemos aceptar en lugar de rechazar.

Dwaita, Adwaita y Vishtadwaita

Dwaita, Adwaita y *Vishtadvaita* son tres grandes escuelas de pensamiento dentro de la filosofía hindú. *Dwaita*, que puede traducirse como dualismo, postula que existe una distinción fundamental entre el alma individual (*Atman*) y el alma universal (*Brahman*). Esta visión sostiene que el alma individual es una entidad eterna e inmortal, mientras que el alma universal es una fuerza impersonal que gobierna el universo. Para los seguidores de *Dwaita, Atman* y *Brahman* son entidades completamente separadas, mientras que los que siguen *Adwaita* creen que son idénticas en última instancia. En cambio, los seguidores del *Vishtadvaita* creen que *Atman* y *Brahman* poseen algunas cualidades en común, pero no son lo mismo.

Aunque generalmente se considera que la *Dwaita* es la escuela de pensamiento más antigua de la filosofía hindú, cada enfoque tiene su propia historia y tradiciones que siguen influyendo en las nuevas generaciones de pensadores. Quizá lo más importante sea que todas estas escuelas tratan de responder a una pregunta central: ¿cómo podemos alcanzar la *moksha* o liberación del sufrimiento? Aunque ciertamente existe un debate considerable en torno a esta cuestión, todas coinciden en que el conocimiento espiritual es clave para alcanzar la *moksha*. A través de sus interpretaciones de *Atman* y *Brahman*, así como de sus enseñanzas sobre la espiritualidad y otros aspectos de la vida, estas tres escuelas siguen conformando nuestra comprensión del hinduismo y sus creencias centrales.

La filosofía hindú es un campo complejo y variado que abarca una amplia gama de creencias y prácticas. Sin embargo, en su esencia, el hinduismo se centra en el viaje del individuo hacia la iluminación espiritual. Este objetivo se alcanza por diversos medios, como la búsqueda del conocimiento, la autorreflexión y la vida virtuosa. Aunque el camino hacia *moksha*, o liberación del sufrimiento, suele ser difícil, quienes lo siguen pueden obtener grandes recompensas tanto a nivel espiritual como material. Si comprendemos los fundamentos de la filosofía hindú, podremos apreciar mejor esta rica tradición y su impacto en el mundo.

Capítulo 3: *Shakti* y *Shiva*, unión divina

Shakti y *Shiva* son dos conocidas deidades hindúes que representan energías específicas: *Shakti* (la divinidad femenina) y *Shiva* (la divinidad masculina). Aunque a menudo se las considera y venera como dos entidades separadas, son dos mitades de un todo, y su unión es esencial para crear equilibrio en el universo. En el hinduismo, el equilibrio de la energía masculina y femenina se considera esencial tanto para el bienestar individual como para la salud del cosmos.

En este capítulo, exploraremos primero *Shakti*: su simbolismo, su representación y el significado de su energía. Luego haremos lo mismo con *Shiva*, antes de discutir el significado de su unión y cómo se relaciona con nuestras propias vidas. Al comprender la naturaleza de *Shakti* y *Shiva*, podemos entender los misterios más profundos de la vida.

Shakti, la divinidad femenina

Shakti es un concepto polifacético que representa lo divino femenino tanto en la tradición hindú como en la budista. En el hinduismo, *Shakti* se considera la contrapartida femenina de *Shiva*, el principio masculino supremo del universo. Juntas, estas dos deidades encarnan todos los aspectos de creación y destrucción del cosmos. Sin embargo, *Shakti* también existe de forma independiente, distinta de *Shiva*, como una diosa individual por derecho propio. *Shakti* es la energía divina femenina del universo, venerada en muchas tradiciones religiosas y espirituales de todo el mundo.

En el budismo, *Shakti* representa la energía latente o potencial que puede activarse mediante la práctica espiritual. Ya sea como representación del poder divino o de una fuerza interna, *Shakti* es un poderoso símbolo de la fuerza y la resistencia femeninas. De hecho, no es casualidad que las mujeres recurran a menudo a este querido arquetipo cuando los tiempos son difíciles y necesitan ayuda para seguir adelante. Tanto si busca en ella apoyo o guía, no hay duda de que *Shakti* encarna todo lo poderoso de la feminidad.

Shakti - La divinidad femenina[22]

Simbolismo

En su esencia, *Shakti* representa el poder creativo y la energía transformadora que fluye a través de todas las cosas. Puede verse como una representación de los ciclos de la naturaleza, nacimiento, crecimiento, decadencia, muerte y regeneración, así como de las fuerzas fundamentales, como la intuición y la emoción. Sus símbolos sagrados están presentes en todo tipo de objetos, desde el arte de los templos hasta los objetos domésticos de uso cotidiano.

El símbolo de *Shakti* es el *yoni*, palabra sánscrita que significa «útero» u «origen». El *yoni* suele representarse con una forma triangular, que representa el poder creativo del universo. Es a través del *yoni* que nacen todas las cosas, y es también a través del *yoni* que eventualmente regresarán. El *yoni* simboliza la energía creativa de *Shakti*, recordándonos que todas las cosas están conectadas.

Al reconocer y honrar la presencia de *Shakti* en nuestras vidas, podemos recurrir a su poder para nutrirnos y protegernos, guiándonos a lo largo de nuestro camino de crecimiento y transformación. Después de todo, sin *Shakti* al timón, no habría vida ni cambio, ni crecimiento en absoluto. Ella sigue siendo uno de los símbolos más significativos de la espiritualidad que conocemos hoy en día.

Representación

A lo largo de la historia, la poderosa divinidad femenina se ha representado de muchas formas diferentes. En el budismo, *Shakti* se representa a veces como una diosa iracunda, como la popular deidad Tara. Tara suele aparecer con varios brazos, cada uno con un arma o herramienta diferente. Esto representa su capacidad para proteger y defender a quienes la invocan. Otras veces, *Shakti* es representada como una diosa pacífica, como Kuan Yin, la popular deidad china de la compasión. Quizá una de las representaciones más famosas de esta diosa se encuentra en el *Devi Mahatmya*, un texto sánscrito que la describe como una feroz guerrera que lucha contra los demonios para proteger a la humanidad.

Asimismo, en el arte y la escultura hindúes, se la muestra empuñando armas como espadas y tridentes, que simbolizan su fuerza y valentía. Son un fuerte recordatorio del poder y la belleza de *Shakti*. A través de ellas, se nos recuerda que las mujeres han desempeñado un papel fundamental en la mejora de nuestro mundo y que debemos seguir celebrando su fuerza y sabiduría para las generaciones venideras. En el arte hindú, *Shakti* suele aparecer sosteniendo un tridente, símbolo de su poder sobre los tres aspectos de la realidad: mente, cuerpo y espíritu.

Shakti también suele aparecer montada en un león, en señal de su papel como soberana suprema del reino animal. En algunas representaciones también aparece sosteniendo una flor de loto, símbolo de su conexión con el mundo natural. El loto simboliza la pureza y el renacimiento, y nos recuerda que *Shakti* siempre está con nosotros, incluso en los momentos más oscuros.

Manifestación

La energía de *Shakti* tiene muchas manifestaciones diferentes dentro de nosotros y a nuestro alrededor, adoptando distintas formas según dónde estemos y qué estemos haciendo. Por ejemplo, *Shakti* puede aparecer como una figura amable y maternal en momentos de tranquilidad y paz, ofreciendo consuelo y apoyo a quienes lo necesitan. En otras ocasiones, *Shakti* puede manifestarse como una guerrera feroz, defendiéndonos contra viento y marea y ayudándonos a superar cualquier desafío al que nos enfrentemos.

Independientemente de cómo elija presentarse, *Shakti* siempre está ahí dentro de nosotros o a nuestro alrededor, lista en cualquier momento para ayudarnos a guiarnos a lo largo de nuestros caminos en la vida. Nos demos cuenta o no, esta poderosa energía está siempre en acción, manifestando sabiduría y compasión de formas sutiles y manifiestas. Cuando prestamos atención a esta energía divina femenina dentro de nosotros y a nuestro alrededor, nos abrimos a todos los dones que nos ofrece.

Poder y significado

Independientemente de su manifestación particular, *Shakti* personifica todo lo que es femenino y poderoso. Con su energía ilimitada, da forma y sostiene el mundo, infundiendo en todos los seres vivos la fuerza y la vitalidad necesarias para la supervivencia. En este sentido, desempeña un papel vital tanto en el cosmos como en nuestras vidas, recordándonos nuestro poder innato y nuestra importancia en medio de nuestras intensas luchas.

En tiempos difíciles, *Shakti* nos da el coraje para perseverar y la voluntad para superar los obstáculos en nuestro camino. Su energía también nos llena de esperanza, recordándonos que no importa lo oscuro o difícil que sea nuestro camino, siempre tenemos el potencial de elevarnos y florecer en algo hermoso. *Shakti* es la fuerza que nos impulsa a vivir y amar plenamente; a través de su poder, creamos y manifestamos nuestra realidad. *Shakti* es un recordatorio externo de nuestra fuerza interior y una fuente constante de guía y consuelo en nuestro camino por la vida.

Deidades asociadas

Shakti es el nombre que se da a varias diosas hindúes que representan distintos aspectos de la feminidad y de lo divino femenino. Aunque hay cientos de Shaktis diferentes, algunas de las más veneradas son Durga, Kali y Parvati. Cada una de estas diosas encarna un conjunto específico de cualidades, que van desde la fuerza implacable al amor suave y maternal. Juntas, forman una compleja red de asociaciones con *Shakti* como protectora y nutridora. Tanto si busca orientación como consuelo en su viaje, seguro que hay una deidad asociada a *Shakti* que puede proporcionarle el apoyo que necesita. Así que si *busca* fuerza en tiempos difíciles o compasión en situaciones duras, no busques más allá de los muchos esplendores del poder divino femenino de *Shakti*.

Shiva, la divinidad masculina

Shiva - La divinidad masculina[23]

A menudo representado como el divino destructor y el divino creador, *Shiva* es una de las deidades más veneradas del hinduismo. Muchos lo consideran la encarnación de la masculinidad, con cualidades como el poder, la fuerza y la virilidad. Sus múltiples formas incluyen la de un temible guerrero, un rey benévolo e incluso un niño juguetón. Al honrar su poder y complejidad, los devotos buscan conectar con su energía masculina interior y cultivarla de forma beneficiosa. Ya sea a través de la meditación, la oración o la devoción espiritual, muchos hindúes ven a *Shiva* como una figura importante que les ayuda en su camino hacia el crecimiento espiritual.

Simbolismo

La deidad hindú *Shiva* se representa a menudo como el símbolo de lo divino masculino, un dios feroz y poderoso que empuña tanto un tridente como el fuego, y se le asocia estrechamente con la destrucción, el cambio y la transformación. El simbolismo de *Shiva* se basa en muchos elementos diferentes, desde sus diversos nombres que invocan varios aspectos de la naturaleza hasta los mitos que lo rodean y que lo relacionan con la creación y el renacimiento.

Pero lo más significativo es que su masculinidad arquetípica le vincula a las fuerzas y energías primigenias que son fundamentales para el funcionamiento del universo. A través de su representación en la mitología y el arte, *Shiva* representa uno de los pilares fundamentales de la existencia. También nos recuerda que todas las cosas deben poder cambiar para que se produzca un crecimiento y una renovación continuos. En este sentido, *Shiva* encarna verdaderamente la naturaleza simbólica de lo divino masculino.

Purificación

En muchas tradiciones antiguas, la purificación tiene un significado especial. En el hinduismo, el poder de la purificación se asocia a *Shiva*, el dios supremo y fuente de toda la creación. *Shiva* encarna las cualidades de fuerza, potencia y autoridad que suelen asociarse a la energía masculina. La purificación también simboliza la limpieza y el rejuvenecimiento, dos conceptos fundamentales en muchas prácticas espirituales.

Teniendo esto en cuenta, queda claro por qué *Shiva* se ha considerado durante tanto tiempo una figura importante para ayudar a los buscadores y meditadores a comprender su verdadera naturaleza y propósito en la vida. A través de la meditación intensa en todas las cosas puras y sagradas, uno puede acercarse a encarnar verdaderamente la esencia de *Shiva*, abriéndose a una vida de discernimiento y crecimiento espiritual. Así pues, cuando se trata de purificarnos física y espiritualmente, pocas figuras tienen tanto peso como la poderosa deidad conocida como *Shiva*.

Transformación

Como una de las deidades más prominentes de la tradición hindú, el señor *Shiva* también es conocido por sus poderes transformadores. Quizá el ejemplo más conocido sea su relación con su consorte Parvati. El divino masculino había estado suplicando renacer como niño para experimentar de nuevo el amor y la devoción incondicionales, y cuando Parvati se ofreció a ser su madre, finalmente cedió.

Con su amor y apoyo, *Shiva* abrazó plenamente su lado femenino, superando todas sus cualidades negativas y trascendiendo a algo más puro y hermoso que nunca. A través de este proceso, *Shiva* llegó a encarnar los principios masculinos y femeninos a la vez, demostrando ser un ejemplo de armonía y unidad perfectas. En esencia, a través de la transformación de nosotros mismos, podemos entrar verdaderamente en contacto con nuestra naturaleza, la de la fuerza sagrada de la creación encarnada en todos nosotros.

Poder y significado

En muchas culturas y religiones antiguas, el poder y la importancia se han asociado durante mucho tiempo con lo divino masculino. Entre estas religiones se encuentra la tradición hindú del Shivaísmo, que se centra en la figura de *Shiva* como símbolo de la potencia masculina. Para los seguidores del Shivaísmo, este poderoso dios simboliza la fuerza, el poder, la virtud y la fertilidad.

A menudo se representa a *Shiva* como un dios salvaje, bailando desenfrenadamente en la cima de las montañas con serpientes alrededor de su cuerpo. Es esta energía bruta la que confiere a *Shiva* un poderoso significado a los ojos de sus seguidores. Sin embargo, esta sensación de poder absoluto puede equilibrarse con sus otros atributos característicos, como la compasión por sus devotos y la sabiduría de sus enseñanzas. De este modo, el Shivaísmo ofrece una representación ideal de cómo lo divino masculino puede ser fuente tanto de inmenso poder como de profunda sabiduría. Con esta dualidad única en su núcleo, no es de extrañar que esta antigua religión siga inspirando a los creyentes hoy en día.

Manifestación energética

Shiva, el dios hindú de la destrucción, se asocia a menudo con la manifestación de la energía. Esto se debe a que provoca el cambio tanto a través de la destrucción como de la renovación. Con su danza cósmica, por ejemplo, destruyó el mundo para crearlo de nuevo. Además, también se le relaciona con los ciclos de vida y muerte que forman parte esencial de toda existencia material. Al mismo tiempo, *Shiva* encarna lo divino masculino, representando la fuerza universal que sustenta todas las cosas. Estas dos facetas de la naturaleza de *Shiva* lo convierten en un poderoso símbolo de transformación y crecimiento.

Ya sea destruyendo lo que ya no nos sirve o creando nuevas oportunidades de cambio en nuestras vidas, todos podemos aprender a aprovechar parte de esta energía y manifestar el poder que llevamos dentro. Al fin y al cabo, el cambio es una parte inevitable e integral de cualquier experiencia significativa, tanto dolorosa como alegre. Y al permitirnos abrazar estos cambios con fuerza y resistencia, podemos desbloquear el poder latente dentro de nosotros para manifestar nuestros deseos más verdaderos en la vida.

La unión divina

La unión divina[24]

A nivel metafísico, *Shiva* y *Shakti* representan la unión divina de la energía masculina y femenina. En la mitología hindú, *Shiva* representa las fuerzas destructivas y creativas del universo, mientras que *Shakti* es la energía espiritual que anima la vida en la Tierra. Juntos, encarnan el equilibrio perfecto de la energía masculina y femenina, esencial para sustentar la vida. A través de su íntima unión, crean el ciclo dinámico de creación y destrucción que da forma a nuestro mundo.

Al rendirnos a esta danza siempre cambiante de luz y oscuridad, nosotros también podemos experimentar la profunda paz que surge de la aceptación y la comprensión. Tanto si los vemos como figuras místicas o como símbolos de sabiduría interior, *Shiva* y *Shakti* nos recuerdan que todos los aspectos de la vida son preciosos y merecen nuestro amor y devoción. Con su gracia y guía, nosotros también podemos conectar con esta unión divina dentro de nosotros mismos y embarcarnos en un viaje hacia la liberación y la plenitud.

El equilibrio de *Shakti* y *Shiva*

Shakti y *Shiva* están estrechamente vinculados y comparten muchas cualidades. Aunque a menudo se les considera por separado, como pareja forman el equilibrio perfecto: mientras *Shakti* representa la energía dinámica y la acción, *Shiva* representa la quietud y la reflexión. Juntos, crean un equilibrio armonioso que permite que el mundo exista en perfecto equilibrio. Y al igual que nunca puede haber demasiada *Shakti* o demasiado *Shiva*, nunca puede haber demasiada acción o reflexión, porque estas fuerzas opuestas juntas crean una totalidad interconectada que es parte integrante de todo lo que existe. Por eso, si queremos comprender, proteger y apreciar el delicado equilibrio de nuestro mundo, primero debemos aprender a valorar tanto a *Shakti* como a *Shiva* por igual. Al fin y al cabo, sólo manteniéndolas en perfecto equilibrio podremos vivir verdaderamente en paz y armonía.

La danza de *Shakti* y *Shiva*

La danza de *Shakti* y *Shiva* simboliza la unión eterna de los opuestos. *Shiva* representa la trascendencia y la impermanencia en esta danza cósmica, mientras que *Shakti* se manifiesta como energía y cambio. Juntos, encarnan la naturaleza cíclica de la vida, creando y destruyendo constantemente en una perpetua interacción de luz y oscuridad. La danza también representa el flujo y reflujo de la energía divina en nuestro interior. Del mismo modo que en nuestra vida diaria nos vemos zarandeados por fuerzas opuestas, luchando contra los reveses, aunque nos esforcemos por alcanzar el éxito, siempre estamos inmersos en una lucha interior entre nuestro yo de luz y nuestro yo de sombra. En última instancia, sólo reconociendo ambos lados podemos esperar alcanzar el verdadero equilibrio, lo que nos permite aprovechar el poder infinito proyectado por la danza de *Shakti* y *Shiva*.

El significado de *Shakti* y *Shiva*

Para comprender el significado de *Shakti* y *Shiva*, quizás el mejor punto de partida sea una comprensión básica de su relación. Según la antigua tradición hindú, *Shakti* y *Shiva* son dos mitades de un mismo todo, perfectamente emparejadas en todos los sentidos. Juntos crean un equilibrio dinámico en todas las cosas y ponen orden en el universo. Además, puede considerarse que *Shakti* y *Shiva* representan dos fuerzas fundamentales: la energía y la conciencia. Seamos o no conscientes de ellas, estas fuerzas vitales guían a diario nuestros pensamientos, acciones y decisiones. En este sentido, *Shakti* y *Shiva* nos recuerdan que contenemos tanto energía como consciencia en nuestro interior, y que a través de esta comprensión, podemos encontrar el equilibrio y una mayor plenitud en nuestras vidas.

El símbolo de *Shatkona*

La *shatkona* es un poderoso símbolo venerado por culturas de todo el mundo desde hace siglos. Este enigmático símbolo tiene un profundo significado en las tradiciones hindú y budista, ya que representa la unión de los opuestos en el mundo y a nivel espiritual. Conocida como «el *yoni* de Devi», o la diosa, esta figura mágica representa la fertilidad y la abundancia femeninas, al tiempo que encarna la paz y la fuerza. De naturaleza mística, la *shatkona* nos recuerda las muchas paradojas presentes en la vida y que debemos abrazarlas todas con los brazos abiertos. Ya se utilice en rituales o simplemente como obra de arte, este complejo símbolo encierra un gran significado para cualquiera que busque una comprensión más profunda de la vida.

El propósito de *Shakti* y *Shiva*

Shakti y *Shiva* están en el corazón del hinduismo, las fuerzas divinas de la creación, la preservación y la destrucción. *Shakti* suele equipararse a la energía creativa femenina del universo, mientras que *Shiva* se considera la personificación masculina. Juntas, estas dos deidades simbolizan la interacción dinámica entre los principios de vida y muerte que caracterizan la existencia. También son responsables de mantener un delicado equilibrio en la naturaleza humana: *Shakti* trae nueva vida, mientras que *Shiva* trabaja para destruirla y allanar el camino a nuevos comienzos. A través de su unión, *Shakti* y *Shiva* representan en última instancia nuestra relación siempre cambiante con los ciclos y las estaciones de la vida. Y aunque a veces puedan parecer paradójicos o incluso crueles, nos recuerdan que el cambio es a la vez necesario e inevitable si queremos crecer y prosperar en este mundo.

Shakti y *Shiva* son dos de las deidades más importantes del hinduismo y representan las fuerzas de la energía femenina y masculina. *Shakti* suele representarse como una diosa, que encarna el poder, el dinamismo y la creatividad que yacen en el corazón de todas las cosas naturales. Su homólogo, *Shiva*, representa la estabilidad, la quietud, la fuerza y la determinación. Juntas, estas energías actúan como una especie de danza cósmica que cambia constantemente y se mueve en respuesta a la otra para crear equilibrio. Al comprender cómo interactúan estas energías entre sí y dentro de nosotros mismos, podemos empezar a vislumbrar los misterios más profundos de la vida misma. Tanto si *busca* calma como inspiración creativa, *Shakti* y *Shiva* pueden proporcionar las herramientas que necesita para alcanzar sus objetivos. Con su sabiduría intemporal y sus poderes transformadores, son realmente dos de las deidades más importantes de la tradición hindú.

Capítulo 4: *Samadhi*: El propósito de la meditación y el yoga

¿Ha alcanzado alguna vez un estado de completa absorción en algo, tanto que el tiempo parece detenerse y es completamente ajeno a lo que le rodea?

El yoga es una práctica que abarca todos los elementos de nuestro ser[25]

Al observar este estado en otras personas, a menudo las etiquetamos como «ensimismados»: están completamente absortas en sus acciones. Pero este estado no es exclusivo de atletas o artistas. Todos lo hemos experimentado en algún momento de nuestras vidas. Este estado se conoce como *Samadhi* en yoga y se considera la «rama» más elevado de las «Ocho ramas del yoga» de *Patanjali*.

El yoga no es sólo un conjunto de ejercicios físicos para mantener nuestro cuerpo en forma. Es una práctica que abarca todos los elementos de nuestro ser: físicos, mentales, emocionales y espirituales. El objetivo del yoga es ponernos en armonía con nosotros mismos y con el mundo que nos rodea. En este capítulo, vamos a echar un vistazo detallado a *Samadhi*, lo que es, sus diferentes niveles, y cómo se puede lograr. También exploraremos su relación con turiya y los distintos tipos de *Samadhi*. Finalmente, concluiremos con algunos consejos y trucos que pueden ayudar en su viaje hacia el *Samadhi*.

Samadhi

La palabra sánscrita para «*Samadhi*» proviene de la raíz «sam», que significa reunirse o concentrarse. *Samadhi*, por lo tanto, implica un estado de completa absorción o concentración en un solo punto. Es un estado en el que la mente está completamente quieta y no hay sensación de conciencia individual. En este estado, el sujeto y el objeto de meditación se convierten en uno, y hay una sensación de conciencia pura. Cuando estamos en un estado de *Samadhi*, estamos completamente absortos en lo que estamos haciendo, y el tiempo parece detenerse. Estamos completamente en el momento y no hay lugar para ningún pensamiento o distracción.

En el hinduismo y el budismo, el *Samadhi* se describe a menudo como un estado de superconsciencia que se alcanza a través de la meditación. Una vez que alcanzamos el *Samadhi*, vemos el mundo a través de la lente de nuestra verdadera naturaleza, que es la conciencia pura. Desde este estado, vemos las cosas tal y como son, sin los filtros de nuestros pensamientos y emociones. Esta es la razón por la que el *Samadhi* se describe a menudo como un estado de «no mente», donde la mente está completamente libre de todos los pensamientos.

Las 8 ramas del yoga

La antigua práctica espiritual y física del yoga se originó en la India hace más de 5000 años. La palabra *Yoga* proviene de la raíz sánscrita «Yuj», que significa unir. El yoga implica unión: la unión del yo individual con el yo universal. Este objetivo se consigue mediante la práctica de las «Ocho ramas del Yoga», codificadas por el sabio Patanjali en su texto, los *Yoga*

Sutras. Estas ocho ramas nos guían en nuestro viaje de lo físico a lo espiritual y de la ignorancia a la iluminación. Mientras que las cuatro primeras, *Yamas, Niyamas, Asanas y Pranayamas*, están diseñadas para purificar y preparar el cuerpo y la mente para la meditación, las cuatro últimas, *Pratyahara, Dharana, Dhyana y Samadhi*, son las etapas propiamente dichas de la meditación. La práctica de las cuatro primeras ramas conduce al desarrollo de las cuatro últimas.

Yama

Al comienzo de la práctica del yoga, una de las primeras cosas que aprenderá es *Yama*, la primera rama del yoga. Este concepto consta de cinco principios básicos o restricciones éticas, cada uno de los cuales se centra en ayudar a cultivar una forma de vida más compasiva y consciente. El primer principio, conocido como *ahimsa* o no violencia, anima a tratar a todos los seres vivos con amabilidad y consideración. Esto puede significar ser más consciente de cómo se come, no dañar a los animales de ninguna manera y elegir no participar en actividades que causen daño o sufrimiento.

El segundo principio, la veracidad, ayuda a decir sólo la verdad y a evitar incluso las pequeñas mentiras que puedan ser perjudiciales. Del mismo modo, *asteya* o no robar, anima a respetar los derechos y la propiedad de los demás, eligiendo no coger nada que no le pertenezca sin consentimiento. El cuarto principio, *brahmacharya* o castidad, se centra en crear límites saludables en torno al comportamiento sexual, fomentando el autocontrol y la integridad en todos los aspectos de su vida.

Por último, *aparigraha*, o no posesividad, promueve un enfoque equilibrado hacia la riqueza material y anima a priorizar siempre lo que es más crucial en la vida: las relaciones y la buena salud por encima de todo lo demás. Juntos, estos cinco principios forman una base esencial para todos aquellos que deseen embarcarse en un viaje hacia una mayor sabiduría y realización personal a través del yoga. Así que si está listo para el cambio y el crecimiento en su vida hoy, comience con *Yama*. ¡Se pondrá en el camino hacia el logro de sus objetivos tanto física como mentalmente!

Niyama

En la segunda rama del yoga, conocida como *Niyama*, cinco deberes positivos forman la base de nuestra práctica. El primer deber, *Saucha* o pureza, se refiere tanto a la limpieza física como mental y abarca todo, desde hábitos alimenticios saludables y actividad física regular hasta la práctica espiritual y la meditación. *Santosha* o satisfacción se refiere a la sensación de serenidad y aceptación que surge cuando cultivamos la gratitud por todo lo que tenemos. El tercer deber, *Tapas* o austeridad, ocupa un lugar especial en la práctica del yoga y a menudo se considera un medio para purificarnos a través de la adversidad y el desafío.

Svadhyaya o autoestudio se refiere al cultivo de la introspección, la reflexión sobre nuestros pensamientos y acciones, y la autoreflexión como un camino hacia la obtención de la sabiduría acerca de quiénes somos en nuestro núcleo. Por último, *Ishvara Pranidhana*, o rendirnos a la voluntad de Ishvara, conocido también como Dios, sirve como acto último de transformación interior y comprensión. Tanto si es nuevo en la práctica del yoga como si lleva muchos años practicándolo, abrazar estos principios seguro que ayudará en su continuo viaje hacia el bienestar holístico.

Asana

Asana es la tercera rama del yoga y se refiere a la práctica de posturas físicas o ejercicios. En muchos sentidos, esta rama es única en comparación con las otras ramas del yoga. Mientras que las dos primeras implican prácticas como la meditación y la respiración enfocada, *asana* es mucho más accesible para las personas que son nuevas en el mundo del yoga. A diferencia de algunas de las prácticas más esotéricas involucradas en otros aspectos de la vida yóguica, asana implica movimientos simples que cualquier persona de cualquier nivel o familiaridad con las técnicas tradicionales de yoga puede practicar.

Incorporar *asana* a su práctica puede tener muchos beneficios, independientemente de su nivel. Entre ellos se incluyen la mejora de la flexibilidad y la fuerza, el aumento de los niveles de energía y niveles más profundos de concentración y conciencia. Además, al hacer que su cuerpo se mueva con regularidad a través de estas posturas y estiramientos suaves, también puede ayudar a mantener sano su sistema inmunológico. Tanto si es un principiante como un practicante experimentado que desea ampliar sus horizontes, las *asanas* tienen algo que ofrecer a todo el mundo.

Pranayama

Al practicar yoga, uno de los elementos clave es la respiración. Esto, conocido como *pranayama*, implica regular y controlar el flujo de aire en el cuerpo. Al ralentizar conscientemente las inhalaciones y exhalaciones, se puede alcanzar una sensación de calma y concentración interior. Al prestar atención incluso a los movimientos más pequeños de la respiración dentro del cuerpo, se puede estar más en sintonía con el momento presente. De este modo, el *pranayama* se considera una parte esencial de cualquier régimen de yoga. Así que si quiere profundizar en su práctica de yoga y crear una mayor salud y bienestar en su vida, ¡asegúrese de incorporar el *pranayama* a su rutina!

Pratyahara

Pratyahara es la quinta rama del yoga, que consiste en apartar los sentidos del mundo exterior. Esto puede ser difícil para los practicantes de yoga, ya que estamos constantemente bombardeados por los estímulos sensoriales de nuestro entorno. El objetivo de *pratyahara*, sin embargo, es lograr el control sobre estos estímulos externos para centrarse mejor en el interior. A través de la meditación, los ejercicios de respiración profunda y el entrenamiento de la atención plena, los yoguis pueden aprender a ser conscientes de su experiencia interior mientras desconectan de cosas como los sonidos, los olores, las imágenes y las sensaciones físicas. En última instancia, el *Pratyahara* nos ayuda a acceder a nuestro interior más profundo y a conectar más profundamente con el mundo. Así que si está interesado en mejorar su sensación de calma y concentración interior a través de la práctica de yoga, ¡empiece con *pratyahara*!

Dharana

Al practicar yoga, uno de los componentes críticos es *Dharana*: la capacidad de enfocar su mente y concentrarse en una sola tarea. Esto puede implicar centrarse en las sensaciones del cuerpo o intentar despejar completamente los pensamientos. Sea cual sea su enfoque, el objetivo de *Dharana* es cultivar la claridad mental para que pueda utilizar su mente de manera más eficaz tanto en su práctica de yoga como en otros aspectos de la vida.

Con la práctica regular, empezará a notar que resulta más fácil y natural centrarse en una cosa a la vez sin distraerse con estímulos externos. Incluso cuando enfrente retos o situaciones difíciles, será más capaz de mantener la calma y la compostura recurriendo a sus habilidades en *Dharana*. Con el tiempo y la práctica deliberada, *Dharana* puede ayudarle a convertirse en una versión más fuerte y presente de usted mismo. ¡Feliz práctica!

Dhyana

Dhyana, o meditación, es la séptima rama del camino hacia la iluminación. Este aspecto esencial de la tradición se centra en aquietar la mente y el cuerpo, ayudando a los practicantes a alcanzar un estado de calma y plenitud. Con la práctica regular de *Dhyana*, uno puede ser más consciente y adquirir un mayor sentido de la autocomprensión y la conciencia. Esto puede afectar profundamente a la vida en su conjunto, permitiendo relaciones más profundas con los demás, una mejor salud mental y un mayor bienestar emocional. Tanto si quiere concentrarse más y reducir el estrés como avanzar en su camino espiritual, *Dhyana* es una poderosa herramienta que puede ayudar a conseguir estos objetivos. Así que tómese su tiempo hoy mismo para probar esta antigua práctica y experimentar sus numerosos beneficios.

Samadhi

Samadhi es la octava y última rama del yoga, una práctica que se ha seguido durante miles de años. Este estado se refiere a la meta final de muchos practicantes de yoga: un estado superconsciente de plena absorción o enfoque de una sola mente. En este estado, los pensamientos se aquietan por completo y uno se siente totalmente conectado con el momento presente. Sin embargo, alcanzar el *Samadhi* no es fácil; requiere años de dedicación y práctica. Algunos creen que este estado final sólo puede alcanzarse a través de una meditación profunda o una disciplina física intensa. Aunque existen muchos métodos diferentes para alcanzar el *Samadhi*, el compromiso de explorar el mundo interior a un nivel muy profundo permanece constante en todos los enfoques. A través de este viaje, nos acercamos a la comprensión de nuestra verdadera naturaleza y conectamos con nuestro yo más profundo.

Turiya y samadhi

Turiya, o el cuarto estado de conciencia, se refiere a una conciencia espiritual muy elevada que se cree que trasciende tanto la vigilia como el sueño. Se puede acceder a este estado a través de diversas prácticas, como la meditación y ciertas técnicas yóguicas centradas en el interior. El *samadhi*, también conocido como conciencia de dicha o iluminación, está estrechamente relacionado con el turiya en el sentido de que implica una profunda sensación de unidad con el universo y todos sus habitantes. Juntos, estos estados representan algunas de las formas más elevadas de meditación que pueden alcanzarse en este plano.

Turiya y *samadhi* se utilizan a menudo indistintamente, pero son dos estados diferentes. Turiya es un estado de conciencia pura más allá de los estados normales de vigilia, sueño y sueño profundo. Es un estado de conciencia pura que siempre está presente, incluso en medio del caos de la vida cotidiana. Por otro lado, *samadhi* es un estado de completa absorción en el momento presente. Es una conciencia pura, libre de pensamientos o emociones. En el *samadhi*, el ego se disuelve por completo y se experimenta una sensación de unidad con el universo.

Y aunque no son fáciles de alcanzar, quienes lo logran suelen referir sentimientos de intensa paz y claridad, junto con la experiencia del amor puro por todos los seres vivos. Por lo tanto, para aquellos que buscan el crecimiento espiritual a través de la conciencia elevada, turiya y *samadhi* son estados verdaderamente transformadores que pueden ofrecer una visión profunda de la naturaleza de la realidad.

Niveles de *samadhi*

El concepto de *samadhi* puede ser un poco confuso para los principiantes, ya que hay muchos niveles diferentes, y cada uno es distinto a su manera.

Savikalpa samadhi

Existe un gran debate sobre los distintos niveles del *samadhi*, un estado meditativo caracterizado por una profunda sensación de paz y conexión con el mundo. Aunque muchos practicantes están de acuerdo en que, en última instancia, existen tres niveles distintos, *savikalpa samadhi*, *nirvikalpa samadhi* y *sahaja samadhi*, a menudo discrepan en los detalles. Por ejemplo, algunos creen que *savikalpa samadhi* puede dividirse a su vez en dos niveles principales: *samprajnata samadhi* y *asamprajnata samadhi*.

Samprajnata samadhi se define por un profundo compromiso con el mundo a través de percepciones, pensamientos y emociones. En otras palabras, las personas en *samprajnata samadhi* todavía perciben el mundo que les rodea y sienten fuertes conexiones con su entorno. Este nivel también se conoce como *savikalpa samadhi* o *pratyaksa anupratyaksa*.

Asamprajnata Samadhi es una meditación mucho más profunda en la que todos los pensamientos y percepciones sensoriales se han desvanecido por completo. En lugar de estar comprometidos con el mundo a través de nuestros sentidos o nuestros pensamientos, nos convertimos en uno con la unidad subyacente de todas las cosas en este nivel final de *savikalpa samadhi*. En última instancia, es difícil decir definitivamente dónde termina un nivel y comienza otro, porque estos estados de conciencia son experiencias profundamente subjetivas que pueden parecer muy diferentes de una persona a otra. Independientemente de estas distinciones, tanto el *samprajnata samadhi* como el *asamprajnata samadhi* se consideran herramientas poderosas para conectar con nuestro yo más íntimo y experimentar una mayor paz y armonía en nuestras vidas.

Nirvikalpa samadhi

En muchas escuelas de yoga, el *nirvikalpa samadhi* es el nivel más alto de realización espiritual y marca un cambio profundo en la comprensión de la naturaleza de la realidad. Este estado de conciencia se caracteriza por una completa absorción y una sensación de unidad con el universo. Durante este estado, el ego se disuelve por completo, liberando al practicante para experimentar una profunda quietud interior y entrar en comunión directa con la fuente de todo ser. Aunque alcanzar el *nirvikalpa samadhi* puede parecer un objetivo difícil de alcanzar para muchos yoguis, aquellos que se dedican a este camino descubrirán que su duro trabajo da sus frutos de innumerables maneras, tanto dentro como fuera de la esterilla. Si está buscando la realización espiritual o simplemente una sensación más profunda de paz y calma dentro de sí mismo, desbloquear el poder de *nirvikalpa samadhi* puede transformar su vida de manera notable.

Samadhi sahaja

En el nivel más alto de *samadhi*, hay un estado de conciencia constante conocido como *sahaja samadhi*. En este estado, uno puede mantener su enfoque en la presencia divina incluso en medio del caos diario. Esta habilidad proviene de un profundo sentido de paz interior y ecuanimidad, que le permite a uno permanecer centrado incluso cuando se enfrenta a desafíos o crisis inesperadas. Para aquellos que han alcanzado este nivel final de *samadhi*, la vida adquiere un nuevo sentido y significado. Saben que, con cada momento que pasa, avanzan lenta pero firmemente en su camino espiritual y se acercan cada vez más a la verdadera iluminación. Ya sea haciendo recados o lidiando con emociones difíciles, saben que todo ello simplemente contribuye a su gran viaje hacia la divinidad. Por lo tanto, cada segundo pasado en la conciencia es verdaderamente precioso para aquellos que han alcanzado este estado trascendente de conciencia.

Cómo alcanzar el *samadhi*

Para alcanzar el *samadhi*, o *estado de meditación concentrada*, primero hay que aprender a aquietar la mente y controlar los pensamientos. Esto puede lograrse mediante la práctica regular de la atención plena u otros ejercicios de respiración concentrada. Una vez que haya aprendido a calmar la mente, puede empezar a centrarse en un objeto o idea concretos, como la respiración o un mantra. A medida que continúe con esta práctica, con el tiempo, acabará entrando en un estado intuitivo de conciencia conocido como *samadhi*. Este profundo estado meditativo puede utilizarse para diversos fines, desde la lectura de ideas sobre uno mismo o el mundo que nos rodea hasta la conexión espiritual con el universo. Así pues, si quiere lograr una mayor claridad mental y bienestar, empiece por centrarse en cultivar el *samadhi* en su propia vida. Con paciencia y dedicación, alcanzará este satisfactorio estado de meditación en muy poco tiempo.

Aquí tiene algunos consejos para alcanzar el *samadhi*:

Practicar

Practicar con regularidad para lograr el *samadhi* y alcanzar un nivel más profundo de crecimiento espiritual es crucial. Tanto si se dedica a la meditación, al canto o a cualquier otro tipo de ejercicio de atención plena, la práctica regular es clave para experimentar los verdaderos beneficios de estas actividades. Con un esfuerzo constante y paciencia, poco a poco alcanzará mayores niveles de apertura, claridad y paz. Y a medida que continúe por este camino de la vida consciente, puede que finalmente se encuentre en el umbral de la propia iluminación.

Sea paciente

Es fundamental ser paciente y diligente para conseguir la verdadera paz mental. Ya sea que estemos aprendiendo una nueva habilidad, trabajando hacia una meta desafiante, o simplemente tratando de mantener un estilo de vida saludable, se necesita tiempo y consistencia para cultivar las cualidades que se apoyarán en su viaje hacia el *samadhi*. La paciencia es especialmente importante cuando las cosas se ponen difíciles o no salen según lo planeado. En lugar de rendirse o desanimarse, debe aferrarse a su intención con compasión y confianza en sí mismo.

Si somos pacientes con nosotros mismos y con nuestras circunstancias, podremos centrarnos en el panorama general y seguir avanzando con confianza en nuestra capacidad para tener éxito. Mientras sigamos esforzándonos al máximo cada día y tengamos fe en el camino, es sólo cuestión de tiempo que alcancemos el estado de calma y serenidad que anhelamos. Así que tenga paciencia: con un esfuerzo constante a lo largo del tiempo, podrá encontrar la verdadera felicidad y plenitud.

Entrega

La entrega es la clave para alcanzar el *samadhi*, un estado de profunda paz y ecuanimidad que se produce cuando estamos plenamente presentes y conectados con nuestro verdadero yo. En esencia, entregarse significa renunciar a nuestra necesidad de controlar y comprender todo lo que ocurre a nuestro alrededor. Implica dejar ir los apegos impulsados por el ego y simplemente aceptar lo que es. Al hacerlo, dejamos a un lado la búsqueda interminable de felicidad y satisfacción vacías y, en su lugar, nos abrimos a la experiencia de estar plenamente vivos. Con el tiempo, esta conexión más profunda con nuestro verdadero yo nos permite vivir cada momento desde un lugar de profunda quietud y aceptación, incluso en medio de intensos retos o dificultades. Al entregarnos a nuestra experiencia con el corazón abierto, podemos alcanzar gradualmente el estado liberador del *samadhi*.

Separarse

Para alcanzar el *samadhi*, o estado de meditación profunda y conexión con el universo, es esencial aprender a desapegarse de los pensamientos y las emociones. No es fácil, sobre todo si tiende a pensar demasiado en sus problemas y preocupaciones. Sin embargo, aprender a separarse suavemente de sus experiencias puede ayudar a cultivar una sensación de calma que ayudará a entrar más fácilmente en estados profundos de meditación.

Una forma eficaz de empezar a separarse de sus pensamientos es simplemente reconocerlos como lo que son: acontecimientos mentales fugaces. En cuanto surja un pensamiento o una emoción negativa, de un paso atrás. En otras palabras, conviértase en el observador silencioso del pensamiento o sentimiento en lugar de permitirse involucrarse plenamente con estos. Si adopta este tipo de actitud indiferente ante sus luchas, resultará cada vez más fácil despejar la mente y centrarse en conectar con el momento presente. Con la práctica, descubrirá que el *samadhi* casi no requiere esfuerzo.

Sea testigo

Para alcanzar el estado más profundo de relajación y calma, primero tiene que ser testigo de sus pensamientos y sensaciones. Esto suele denominarse *samadhi* o iluminación, y puede llevar mucho tiempo y esfuerzo llegar a este nivel de conciencia. Sin embargo, con práctica y dedicación, es posible entrenar la mente para entrar en este estado a voluntad.

La meditación de atención plena es una técnica útil para desarrollar la conciencia, en la que simplemente le permite a la mente estar quieta y observar los pensamientos que pasan por ella sin atribuirles significado ni juzgarlos. Esto requiere una gran concentración, pero puede ayudar a cultivar la claridad mental necesaria para alcanzar el *samadhi*. Además, puede incorporar la respiración a su práctica concentrándose en cada inhalación y exhalación. Prestar atención a la respiración puede crear una sensación de distanciamiento de los pensamientos y las sensaciones físicas, abriendo la puerta a un nivel de conciencia más profundo.

Con trabajo diligente y una mente abierta, cualquiera puede alcanzar el estado de *samadhi* y disfrutar de todos los beneficios que conlleva. Si lo que *busca* es aumentar la concentración, reducir los niveles de estrés o lograr una mayor paz mental, seguir estos consejos ayudará a transitar el camino hacia la iluminación.

Samadhi es un estado de completa absorción en el momento presente. Es un estado de conciencia pura, libre de pensamientos, emociones o sentido del yo. La mente está completamente quieta y en paz. *Samadhi* es el estado más elevado que uno puede alcanzar en su práctica de yoga. Es un estado de completa unión con el universo. Hay diferentes niveles de *samadhi*, desde *savikalpa samadhi*, una puerta de entrada a turiya, hasta *nirvikalpa Samadhi*, el estado más elevado de conciencia. Para alcanzar el *Samadhi*, desapéguese de sus pensamientos y emociones y conviértase en testigo de su mente. Con práctica y dedicación, cualquiera puede alcanzar este estado de completa paz y dicha.

Capítulo 5: Posturas de yoga que allanan el camino hacia turiya

El yoga, este antiguo método indio de ejercicio, puede hacer maravillas por su salud física y mental. Desde el punto de vista físico, el yoga puede ayudar a tonificar los músculos, aumentar la flexibilidad y mejorar el estado cardiovascular. Y desde el punto de vista mental, el yoga puede ayudar a reducir los niveles de estrés, aumentar la confianza en uno mismo e incrementar el bienestar general.

Tanto si acaba de empezar como si lleva muchos años practicándolo, no hay duda de que el yoga es una herramienta poderosa para alcanzar turiya. En este capítulo, discutiremos algunas de las mejores asanas o posturas de yoga que pueden ayudar a alcanzar este nivel de conciencia. También daremos instrucciones paso a paso de cómo hacer cada postura. Cada una de estas *asanas* debe ser practicada regularmente y puede hacerse en la comodidad de su propia casa.

Muchas *asanas* o posturas de yoga diferentes pueden ser beneficiosas para alcanzar turiya. Sin embargo, no todas son adecuadas para principiantes. Nos centraremos tanto en *asanas* desafiantes como en *asanas* aptas para principiantes que aun así pueden ser bastante efectivas. Con la práctica regular, progresará hacia posturas más avanzadas.

Tadasana - Postura de la montaña

Postura de la Montaña[26]

Tadasana, o postura de la montaña, es una postura fundamental en muchas formas de yoga. En esta postura sencilla pero poderosa, el cuerpo está equilibrado en posición vertical y firmemente arraigado al suelo, con todas las partes alineadas en perfecta simetría. Empiece con los pies separados a la anchura de las caderas, apoye los pies en el suelo y contraiga los músculos de las piernas para reafirmar las piernas y las rótulas. Deje que la caja torácica se relaje a medida que eleva la columna vertebral, estirando suavemente los brazos hacia el cielo. Mire hacia delante con un enfoque suave o hacia arriba, hacia un punto imaginario en el techo por encima de usted. Siga respirando profunda y uniformemente durante toda la práctica y mantenga la *tadasana* el tiempo que le resulte cómodo. Exhale lentamente al final de cada sesión y vuelva a la postura neutra de pie antes de volver a su rutina diaria.

Vrikshasana - Postura del árbol

Postura del árbol[127]

La *vrikshasana*, más comúnmente conocida como la postura del árbol, es una de las posturas de yoga más conocidas y practicadas. Esta versátil postura tiene una amplia gama de beneficios, desde la mejora del equilibrio y la coordinación hasta el fortalecimiento de los músculos centrales del cuerpo. Para practicar la *vrikshasana*, comience colocando el cuerpo en la postura de la montaña, con ambos pies firmemente arraigados en el suelo y los brazos a los lados. A continuación, coloque el pie izquierdo unos treinta centímetros por delante del derecho, con los talones directamente alineados.

Después, puede juntar las manos en posición de oración o colocarlas una encima de la otra directamente sobre la cabeza. Por último, baje la raíz de cada pie y doble la pierna de apoyo, manteniendo esta postura durante cinco respiraciones antes de repetirla en el otro lado. Con práctica y paciencia, dominará la *vrikshasana* y sus numerosos y gratificantes beneficios.

Paschimottanasana - Flexión hacia delante sentado

Flexión hacia delante sentado[28]

Paschimottanasana es una postura de yoga más avanzada que requiere mucha paciencia y práctica para dominarla. Aunque el nombre se traduce como «flexión hacia delante occidental», esta postura se puede hacer de pie o sentado, dependiendo de su nivel actual de flexibilidad. Para empezar, siéntese en el suelo con las piernas estiradas hacia delante. Asegúrese de estar sentado cómodamente con la espalda apoyada en un cojín o una silla.

A continuación, dóblese lentamente hacia delante por las caderas, intentando acercar el pecho lo máximo posible a los muslos. Al hacerlo, procure mantener la espalda plana y alargar la columna vertebral. Por último, una vez alcanzada la máxima amplitud de movimiento para esta postura, mantenga la posición durante 30 segundos o más si es posible. Repita este proceso con regularidad hasta que domine la postura y pueda mantenerla cómodamente durante cinco minutos o más cada vez. Con persistencia y dedicación, cualquiera puede adquirir la fuerza y la flexibilidad necesarias para realizar con éxito la postura *paschimottanasana*.

Halasana - Postura del arado

Postura del arado[29]

Halasana, también conocida como postura del arado, es una postura clásica de yoga diseñada para estirar y fortalecer todo el cuerpo. Esta postura fortalece y estira principalmente el tronco, las piernas y la espalda. Si se realiza correctamente, la *halasana* ayuda a alargar y tonificar las curvas naturales de la columna vertebral, al tiempo que fortalece el tronco. Además, se ha demostrado que esta postura mejora la circulación y la digestión, al tiempo que reduce el estrés y la fatiga.

Para practicar *halasana*, comience acostándose boca arriba con las piernas estiradas hacia delante. A continuación, levante lentamente las piernas por encima de la cabeza, manteniendo la espalda apoyada en el suelo y las rodillas rectas. Una vez que las piernas estén alineadas con el cuerpo, déjelas caer hacia el suelo detrás de usted, utilizando las manos para apoyar la parte inferior de la espalda si es necesario. Por último, una vez que esté en la posición de arado completa, concéntrese en respirar profundamente y mantenga la postura el mayor tiempo posible. Cuando esté listo para salir de la postura, gire lentamente la espalda hacia el suelo y vuelva a colocar las piernas en la posición inicial. Con la práctica regular, podrá mantener esta postura durante cinco minutos o más.

Sarvangasana - Posición de hombros

Posición de hombros[80]

Sarvangasana, también conocida como la postura de los hombros, es una *asana* que se ha practicado durante milenios por yoguis y yoguinis por igual. Se cree que esta postura ofrece una amplia gama de beneficios para la salud, desde la mejora de la circulación y la digestión hasta el alivio del estrés y la ansiedad. Para realizar la *sarvangasana* correctamente, hay que empezar tumbándose boca arriba con los pies juntos. A partir de ahí, el practicante elevará suavemente las piernas en el aire utilizando los hombros como apoyo. Por último, se mantiene la postura durante varias respiraciones, prestando especial atención a mantener la alineación correcta del resto del cuerpo durante toda la postura. Tanto para principiantes como para practicantes avanzados, la *sarvangasana* será una valiosa adición a su práctica de yoga.

Setu Bandhasana - Postura del puente

Postura del puente[81]

Setu bandhasana, también conocida como postura del puente, es una postura de yoga crucial que ayuda a fortalecer la zona lumbar y el tronco. Para realizar esta postura, primero tiene que tumbarse boca arriba con las rodillas dobladas y los pies apoyados en el suelo. A continuación, levante lentamente las caderas hacia el cielo hasta que los hombros queden directamente por encima de la pelvis y la parte superior del cuerpo forme una línea recta desde la cabeza hasta el coxis. En este punto, es importante trabajar todos los músculos centrales para mantener la forma correcta durante toda la postura. Puede mantener la postura del puente durante el tiempo que desee o repetirla varias veces como parte de una rutina general de yoga. Con la práctica regular, *setu bandhasana* puede ayudar a mejorar la postura y la flexibilidad general, por lo que es una gran manera de empezar o terminar cualquier sesión de yoga.

Matsyasana - Postura del pez

Postura del Pez[32]

Matsyasana, o postura del pez, es una poderosa postura de yoga que puede ayudar a abrir la columna vertebral y estirar el tronco. Esta postura requiere que se tumbe boca arriba y apoye el peso de su cuerpo en la parte superior del pecho y la cabeza. Para entrar en la postura, simplemente doble las piernas hacia el torso, arquee la espalda ligeramente hacia arriba y presione con las manos en el suelo detrás de usted para apoyarse.

Una vez que esté en la posición adecuada, puede empezar a prestar atención a las sensaciones de su cuerpo, respirando profundamente mientras mantiene la postura. Con la práctica, esta postura relajante y rejuvenecedora puede ayudar a mejorar la flexibilidad y fortalecer los músculos centrales, por lo que es una gran herramienta para mejorar la salud y el bienestar general. *Matsyasana* es una postura esencial para cualquiera que desee aprovechar el poder del yoga, ya sea sola o como parte de una práctica completa.

Uttanasana - Flexión hacia delante de pie

Flexión hacia delante de pie[88]

Uttanasana, o la flexión de pie hacia adelante, es una poderosa postura de yoga que ofrece una amplia gama de beneficios. Desde mejorar la postura y la flexibilidad hasta aliviar el estrés y la ansiedad, esta postura sencilla pero eficaz puede hacer maravillas tanto para el cuerpo como para la mente. Para practicar la *uttanasana*, empiece de pie con los pies separados a la anchura de las caderas y las manos a los lados. A continuación, gire las caderas hacia delante hasta que quede en posición de mesa plana con las manos firmemente plantadas en el suelo delante de usted. Mueva lentamente las manos hacia delante hasta que estén completamente extendidas, manteniendo las caderas firmemente ancladas al suelo. Respire profundamente mientras mantiene esta postura durante varios segundos o más si lo desea. Cuando esté listo, levántese lentamente hasta la posición de pie, sintiendo todos los maravillosos beneficios que ofrece *uttanasana*.

Ardha matsyendrasana - Media torsión espinal

Media torsión espinal[84]

Ardha matsyendrasana, o media torsión espinal, es una popular postura de yoga conocida por sus numerosos beneficios para la salud. Esta postura invertida estira y abre suavemente la columna vertebral, lo que permite liberar la tensión acumulada en la espalda. También estimula y masajea los órganos de la región abdominal, ayudando a regular la digestión. Además, ayuda a mejorar el equilibrio y la estabilidad, por lo que es una opción excelente para cualquiera que desee aumentar su flexibilidad y su forma física general.

El procedimiento para realizar *Ardha matsyendrasana* es relativamente sencillo. Para empezar, siéntese en el suelo con las piernas extendidas hacia delante. A continuación, apoye el pie derecho en el suelo junto al muslo izquierdo. Complete la postura girando el cuerpo hacia la derecha y estirando la mano izquierda hacia el suelo detrás de usted. Respire profundamente y mantenga la postura durante varios segundos antes de hacerla hacia el otro lado. Con la práctica regular, *Ardha matsyendrasana* mejora la flexibilidad, reduce el estrés y la ansiedad y promueve el bienestar físico y mental en general.

Pasasana - Postura del lazo

Pasasana, o la postura del lazo, es una poderosa y desafiante postura de yoga que requiere concentración, fuerza y flexibilidad. Para realizar esta asana, comience sentado con las piernas cruzadas y los brazos extendidos por encima de la cabeza. A continuación, inclínese hacia delante desde la cintura y tome cada uno de sus tobillos con una mano. A continuación, lleve los pies hacia usted hasta que los talones toquen las caderas o estén lo más cerca posible. Una vez establecida esta postura, puede mantenerla durante varias respiraciones antes de volver a sentarse suavemente. Esta postura es útil para estirar y fortalecer los músculos de la parte inferior del cuerpo. Así que si busca un reto en su próxima práctica de yoga, ¡pruebe la *Pasasana*!

Dhanurasana - Postura del arco

Postura del arco[85]

Dhanurasana, también conocida como la postura del arco, es una poderosa postura de yoga que proporciona múltiples beneficios para el cuerpo y la mente. Esta postura trabaja para estirar y fortalecer los músculos de la región abdominal, incluyendo la espalda baja y los músculos centrales. También ayuda a mejorar la circulación y la digestión, por lo que es una gran manera de empezar el día o terminar una larga sesión de yoga. Además, esta postura fomenta la concentración, el control de la respiración y el equilibrio, al tiempo que ayuda a aliviar el estrés y la ansiedad.

Para realizar la *dhanurasana*, o postura del arco, comience acostado boca abajo con los brazos a los lados. A continuación, extienda los brazos hacia atrás y agárrese los tobillos con las manos. Levante lentamente el pecho y las piernas del suelo, utilizando los músculos abdominales para mantenerse elevado. Respire profundamente y mantenga esta posición durante varios segundos. Para soltarse, baje suavemente el cuerpo hasta el suelo y relájese. Con la práctica regular, pronto disfrutará de todos los beneficios que ofrece la *Dhanurasana*.

Ustrasana - Postura del camello

Postura del camello[86]

A primera vista, *Ustrasana* parece una postura bastante sencilla. Requiere que se coloque sobre sus manos y rodillas, con las rodillas separadas a la altura de las caderas, y lentamente arquee o extienda su columna hacia arriba. A medida que se extiende, debe estirarse hacia atrás a lo largo de la parte interior de las piernas hasta que pueda agarrar la parte exterior de los muslos o los talones. Mantenga esta posición durante unas cuantas respiraciones y luego vuelva a la posición inicial.

Aunque pueda parecer fácil al principio, *Ustrasana* requiere mucho equilibrio y fuerza, así como flexibilidad en las caderas y la espalda. Para prepararse para esta postura tan exigente, comience con algunos ejercicios de calentamiento que estiren y abran suavemente las caderas y la zona lumbar. Esto le ayudará a entrar en *Ustrasana* con más estabilidad y menos riesgo de lesiones. Con el tiempo y la práctica, esta poderosa postura le ayuda a aprovechar todo su potencial y a desbloquear nuevos niveles de fuerza, flexibilidad y concentración.

Bhujangasana - Postura de la cobra

Postura de la cobra[87]

Bhujangasana, también conocida como la postura de la cobra, es una de las posturas de yoga más populares, tanto para principiantes como para practicantes avanzados. Esta postura ayuda a estirar y fortalecer los principales músculos de la zona lumbar, al tiempo que moviliza suavemente la columna vertebral. También mejora la circulación, alivia el estrés y aumenta la flexibilidad. Para realizar *Bhujangasana*, empiece acostado con el estómago en el suelo y las piernas estiradas hacia atrás. A continuación, coloque las manos en el suelo con las palmas hacia abajo junto a los hombros. Empiece a levantar lentamente la cabeza y el pecho del suelo, utilizando los músculos de la espalda como apoyo. Mire hacia arriba y mantenga la postura durante unas cuantas respiraciones antes de volver a la posición inicial. Con la práctica regular de la *Bhujangasana*, podrá cosechar todos sus beneficios y disfrutar de una mejor salud y bienestar general.

Salabhasana - Postura de la langosta

Salabhasana, o postura de la langosta, es una poderosa postura de yoga que se utiliza para aumentar la fuerza y la flexibilidad de todo el cuerpo. Para realizar esta postura, primero debe acostarse boca abajo con los brazos a los lados y presionar firmemente con las manos y los pies. A continuación, levante la cabeza, el pecho y las piernas del suelo mientras mantiene el equilibrio. Mantenga esta postura durante unas cuantas respiraciones profundas antes de volver a la posición inicial, procurando relajar completamente los músculos y las articulaciones al bajar. En general, *Salabhasana* es una práctica excelente para mejorar la fuerza y la flexibilidad de los músculos de la espalda, los hombros y el abdomen. Tanto si es un principiante como si es un yogui experimentado que busca profundizar en su práctica, la *Salabhasana* tiene algo que ofrecerle.

Uttar pradesh asana - Postura de la plancha hacia arriba

Postura de la plancha hacia arriba[88]

La *Uttar pradesh asana* es una postura de yoga desafiante que requiere flexibilidad y fuerza. Una de las principales ventajas de esta postura es que ayuda a fortalecer la parte superior del cuerpo, especialmente los hombros, los brazos y el torso. Para realizarla, empiece acostado boca abajo con las piernas juntas y los brazos extendidos hacia delante. A continuación, utilice las manos para impulsarse hasta una posición de plancha elevada con los brazos rectos y los pies flexionados. A partir de aquí, mantenga la posición durante varios segundos antes de volver a bajar suavemente al suelo. Con la práctica regular, esta asana ayuda a mejorar la fuerza general y el flujo sanguíneo en todo el cuerpo. Así que si está buscando un nuevo reto en su práctica de yoga, pruebe la *Uttar pradesh asana*.

Shavasana - Postura del cadáver

Shavasana, o la postura del cadáver, es uno de los elementos esenciales de cualquier práctica de yoga. Esta postura de descanso consiste en acostarse boca arriba con los brazos y las piernas abiertos, liberando toda la tensión y el estrés del cuerpo. *Shavasana* no solo ayuda a relajar el cuerpo físico, sino que también permite calmar la mente y reflexionar sobre los pensamientos y sentimientos de una forma más fundamentada. Muchos yoguis afirman que dedicar unos minutos a esta postura cada día les ayuda a mejorar su bienestar general y a reconectar consigo mismos a un nivel más profundo. Considerada como una gran forma de relajarse y rejuvenecer, *Shavasana* es una postura esencial para cualquiera que desee mejorar su salud y bienestar.

Postura del cadáver[39]

Viparita karani - Piernas contra la pared

Viparita karani, o la postura de las piernas contra la pared, es una postura de yoga sencilla pero eficaz, ideal para revitalizar el cuerpo y calmar la mente. Esta postura consiste en acostarse en el suelo con las piernas elevadas contra una pared, ya sea recta o inclinada. La clave es mantener la columna larga y plana mientras las piernas se mueven hacia arriba. Esto ayuda a estirar y descomprimir la parte baja de la espalda, lo que convierte esta postura en un excelente remedio para la tensión y el dolor en esta zona. *Viparita karani* también ayuda a calmar y aliviar el sistema nervioso al estimular la circulación sanguínea. Así que si busca una forma rápida de sentirse más enérgico y equilibrado, practique esta postura sencilla y poderosa.

Adho mukha svanasana - Postura del perro boca abajo

Postura del perro boca abajo[40]

Adho mukha svanasana, comúnmente conocida como la postura del perro boca abajo, es una de las posturas de yoga más populares hoy en día. Puede ser un reto al principio, ya que requiere fuerza, flexibilidad y equilibrio para mantenerla correctamente. Sin embargo, con la práctica regular, ayuda a mejorar la fuerza y la flexibilidad en todo el cuerpo al tiempo que aumenta el flujo sanguíneo y la circulación. Además, *Adho mukha svanasana* es ideal para mejorar la postura y aliviar el estrés, por lo que es una herramienta imprescindible para cualquier rutina de yoga.

Para realizar la postura del perro boca abajo, ubíquese en tabla sobre las manos y las rodillas, con las muñecas alineadas con los hombros y las rodillas con las caderas. Desde ahí, levante las caderas hacia arriba y hacia atrás, estirando las piernas mientras se mueve hacia una posición de «V» invertida. Mantenga el tronco contraído y la respiración estable durante varios segundos. Con la práctica regular, desarrollará la fuerza y la flexibilidad necesarias para mantener esta postura durante lapsos más largos.

Bakasana - Postura del cuervo

Postura del cuervo[41]

Bakasana, también conocida como postura del cuervo, es una de las posturas de yoga más populares. Esta desafiante postura de equilibrio requiere fuerza, flexibilidad y concentración, lo que la convierte en una de las posturas preferidas de los yoguis que buscan desafiar su cuerpo y su mente. Para hacer *Bakasana*, póngase de pie con los pies separados a la anchura de las caderas. Póngase en cuclillas sobre los dedos de los pies, cargue el peso en las manos y comience a doblar los brazos. A continuación, coloque las rodillas en la parte posterior de los brazos y empiece a levantar lentamente las caderas del suelo. La clave de esta postura es mantener el equilibrio con el tronco contraído y la respiración estable. Con la práctica, puede bajar gradualmente sobre los antebrazos para profundizar en la postura y aumentar el desafío. Tanto si es principiante como si tiene experiencia, la *Bakasana* le hará ganar fuerza, flexibilidad y concentración.

Virabhadrasana - Postura del guerrero

Postura del guerrero[48]

Virabhadrasana, también conocida como postura del guerrero, es una postura de yoga poderosa y dinámica conocida por desarrollar fuerza y resistencia. Para realizarla, póngase de pie con los pies separados a la anchura de las caderas. Eche el pie izquierdo hacia atrás y desplácelo hacia un lado para que los dedos de los pies apunten hacia fuera en un ángulo de 45 grados. Al mismo tiempo, levante el brazo derecho y páselo por encima de la cabeza, con la palma de la mano hacia el interior del cuerpo. A continuación, levante la rodilla derecha de modo que el muslo quede paralelo al suelo y la rodilla directamente encima del tobillo. Mantenga esta posición durante varias respiraciones profundas antes de soltar y repetir con el otro lado. Con la práctica regular, desarrollará la fuerza y la resistencia necesarias para mantener esta postura durante lapsos más largos. Con una alineación adecuada, esta postura ayuda a tonificar las piernas y fortalecer el tronco. Además, promueve la flexibilidad en las caderas y la parte superior del cuerpo y aumenta el flujo sanguíneo.

Puesta en práctica

Ahora que ha explorado los fundamentos del yoga y algunas posturas populares, es el momento de poner esos movimientos juntos en una rutina completa. Dependiendo de su nivel de experiencia, puede empezar de forma simple, trabajando gradualmente en posturas más avanzadas a medida que progresa. Algunas de las posturas fundamentales que puede incluir son el perro boca abajo, la postura del guerrero y la flexión de pie hacia delante.

Tanto si se centra en la fuerza como en la flexibilidad, estos movimientos básicos le ayudarán a construir una base sólida en su práctica de yoga. Y con la práctica regular y la dedicación, será cada vez más fuerte y más equilibrado, tanto dentro como fuera de la práctica. Recuerde que no hay una forma «correcta» de hacer yoga. La clave está en encontrar la que mejor se adapte a usted y seguir su propio ritmo.

El yoga es una forma estupenda de mejorar la salud y el bienestar. Con una práctica regular, puede experimentar un aumento de la fuerza y la flexibilidad, una mejora del equilibrio y la postura, y una disminución del estrés. Tanto si es nuevo en el yoga como si lleva años practicándolo, siempre hay cosas nuevas que aprender y explorar sobre la esterilla. Aunque hay muchas posturas diferentes, empiece por incluir las más fundamentales en su práctica. Con dedicación y compromiso, puede desarrollar una base sólida de yoga que le ayudará a mejorar su salud general y su calidad de vida.

Ya tiene a disposición una guía de yoga para principiantes, con ilustraciones e instrucciones paso a paso. Con la práctica regular, desarrollará la fuerza, la flexibilidad y el equilibrio necesarios para progresar en su viaje por el yoga. Quién sabe, puede que incluso consiga turiya en el camino.

Capítulo 6: Usar *pranayama* para inducir turiya

Desde el principio de los tiempos, la gente se ha esforzado por encontrar maneras de mejorar su vida y alcanzar un estado superior de conciencia. En los últimos años, ha resurgido el interés por prácticas ancestrales como el yoga y la meditación, que aportan numerosos beneficios tanto a la mente como al cuerpo. Entre las muchas técnicas utilizadas en el yoga y la meditación, se dice que el *pranayama* (control de la respiración) es especialmente eficaz para alcanzar un estado superior de conciencia, conocido como turiya.

Se dice que el *pranayama* es particularmente eficaz para alcanzar un estado superior de conciencia, conocido como turiya[48]

Este capítulo explora los beneficios científicos y espirituales del *pranayama* y cómo ayuda a alcanzar turiya. También introduce el concepto de «*prana*» y explora diferentes técnicas de *pranayama* que pueden utilizarse para alcanzar turiya. Al final de este capítulo, usted debe tener una mejor comprensión de cómo el *pranayama* puede ayudarle a alcanzar turiya y algunas de las técnicas que puede utilizar para alcanzar este estado.

El papel del *pranayama* en la consecución de turiya

El *pranayama* es un elemento esencial de la práctica yóguica que ayuda a cultivar la claridad mental y física. En sánscrito, la palabra *pranayama* significa «restricción de la respiración» o «control de la respiración», y se refiere al acto de controlar la respiración para alcanzar estados de conciencia más profundos. Mediante el control adecuado y la concentración en la respiración, los yoguis pueden alcanzar turiya, el estado meditativo profundo que produce una profunda sensación de paz y bienestar.

El *pranayama* también es conocido por sus efectos terapéuticos, ya que ayuda a aliviar el estrés y la ansiedad, al tiempo que aumenta los niveles de energía y reduce la inflamación. Tanto si es nuevo en el yoga como si lo practica desde hace tiempo, el *pranayama* tiene mucho que ofrecer para cultivar una mayor sabiduría y comprensión. ¿Por qué no probarlo? Practicándolo con regularidad, puede que se encuentre disfrutando de todos los beneficios que ofrece esta poderosa técnica respiratoria.

Los diversos beneficios del *pranayama*

El *pranayama* es un tipo de respiración meditativa que se ha utilizado en diversas tradiciones espirituales durante miles de años. Esta técnica respiratoria tiene muchos beneficios, desde ayudar a calmar la mente y aumentar la concentración hasta reducir el estrés y promover sentimientos de bienestar. El *pranayama* también ayuda a fortalecer el sistema respiratorio, mejora el flujo sanguíneo a los órganos vitales e incluso refuerza el sistema inmunitario. También se ha demostrado que esta práctica ancestral reduce el dolor crónico y mejora la salud física en general. Tanto si busca una forma eficaz de controlar el estrés como si simplemente desea mejorar su salud en general, el *pranayama* es una herramienta que vale la pena explorar.

Beneficios científicos del *pranayama*
1. *Pranayama* y el sistema nervioso

El *pranayama* se utiliza desde hace mucho tiempo para calmar y equilibrar el sistema nervioso. Esta antigua práctica consiste en cultivar el control de la respiración, lo que permite desarrollar una mayor conciencia del cuerpo y la mente. Al prestar atención a las sutiles sensaciones asociadas a cada inhalación y exhalación, se aprende a regular mejor la respiración y los estados internos. Al centrarse en los efectos mentales del *pranayama*, se puede ver cómo el incesante parloteo de la mente afecta el bienestar general. A través de estas prácticas, el *pranayama* ayuda a mantenerse enraizado y presente frente al estrés, la ansiedad y otras emociones abrumadoras. En general, esta antigua técnica ofrece una poderosa manera de apoyar y sanar la mente y el cuerpo, aprovechando la base misma de la vida: la respiración.

2. *Pranayama* y el sistema respiratorio

El *pranayama* es un componente esencial de muchos enfoques tradicionales de la salud respiratoria. Esta antigua práctica consiste en controlar conscientemente la respiración, expandiendo y contrayendo el diafragma a medida que el aire entra y sale de los pulmones, calmando y centrando la mente. Los practicantes creen que esta respiración lenta y rítmica regula tanto el *prana* (fuerza vital) como los nadis (o canales), que transportan información por todo el cuerpo. Aunque hasta ahora los efectos de esta poderosa técnica respiratoria eran en gran medida anecdóticos, nuevas investigaciones han revelado que el *pranayama* puede influir significativamente en la función respiratoria y el bienestar general.

Estudios realizados por el Instituto Nacional de Salud Mental y Neurociencias de la India (NIMHANS) han demostrado que el *pranayama* ayuda a mejorar el flujo de aire a los pulmones, reduce la congestión bronquial y aumenta la capacidad pulmonar general. Además, se ha demostrado que esta práctica tradicional mejora la oxigenación de la sangre y ayuda a aliviar el asma y otras afecciones respiratorias. La respiración controlada también mejora la capacidad pulmonar, regula la frecuencia y el ritmo respiratorios, alivia el estrés y la ansiedad, mitiga los síntomas de la apnea del sueño, mejora la función cardiovascular e incluso reduce la tos debida a la exposición al humo. Aprovechando el poder del *pranayama*, cualquiera puede experimentar estos increíbles beneficios por sí mismo, mejorando su claridad mental, fuerza física y sensación general de bienestar.

3. *Pranayama* y el sistema cardiovascular

Estudios realizados por el Instituto Nacional de Salud Mental y Neurociencias de la India (NIMHANS) han demostrado que el *pranayama* es especialmente bueno para el sistema cardiovascular, ya que mejora la circulación y reduce la presión arterial. Esto se debe en parte a los efectos indirectos de la respiración yóguica, como la reducción de los niveles de estrés y el aumento de la relajación. Además, el *pranayama* ayuda a liberar óxido nítrico en el torrente sanguíneo, lo que aumenta el flujo sanguíneo y ayuda a abrir las arterias obstruidas. En general, el *pranayama* es una excelente herramienta para mantener el corazón sano y fuerte, por lo que vale la pena incorporarlo a su rutina diaria.

4. *Pranayama* y el sistema digestivo

El *pranayama*, o respiración controlada, tiene muchos beneficios conocidos para el cuerpo y la mente. No solo ayuda a aliviar el estrés y la ansiedad, sino que también mejora la salud física, especialmente en lo que se refiere al sistema digestivo. El *pranayama* aumenta la producción de jugos digestivos, mejorando la digestión y aliviando el estreñimiento. Además, la práctica regular de técnicas de *pranayama* mejora la digestión y la salud general del intestino al aumentar la circulación sanguínea, estimular el crecimiento de bacterias saludables, reducir la inflamación y favorecer la función inmunitaria. Debido a estos potentes efectos sobre el sistema digestivo, el *pranayama* es una herramienta esencial para cualquiera que busque optimizar su salud intestinal y mejorar su bienestar general. Por lo tanto, si tiene algún problema intestinal crónico o simplemente quiere sentirse con más energía a lo largo del día, incorporar el *pranayama* a su rutina diaria es una buena forma de empezar. Con solo diez o quince minutos de práctica al día, puede comenzar a cosechar todas las recompensas que esta antigua técnica de respiración tiene para ofrecer.

5. *Pranayama* y el sistema inmunitario

El *pranayama* es una forma de yoga que se centra en ejercicios de respiración para promover la buena salud. Uno de los principales beneficios del *pranayama* es su impacto en el sistema inmunológico. Al estimular ciertos órganos y glándulas del cuerpo, el *pranayama* ayuda activamente al sistema inmunitario a combatir virus, bacterias y otras toxinas. Además, ayuda a reducir el estrés y la ansiedad, dos factores que debilitan las defensas contra las enfermedades. Mediante la práctica regular del *pranayama*, es posible apoyar al cuerpo en todos los aspectos del bienestar, desde la salud física hasta la claridad mental. Esto lo convierte en una de las mejores formas de reforzar la inmunidad y mantener el bienestar general.

Beneficios espirituales del *pranayama*

1. *Pranayama* y la mente

Al controlar conscientemente la respiración, se puede dirigir la energía vital (o *prana*) por todo el cuerpo. Esto tiene varios beneficios mentales y emocionales, como una mayor concentración, la reducción del estrés y la mejora del estado de ánimo. Esta práctica también favorece la relajación y la calma interior, ayudando a conectar más profundamente con el momento presente. El *pranayama* también activa ciertas zonas del cerebro asociadas a la meditación. En otras palabras, funciona como una especie de «*bypass* espiritual» que permite acceder a estados de conciencia más profundos en el interior. Así pues, el *pranayama* es una parte esencial de cualquier práctica meditativa o de yoga completa. Con la práctica regular, puede cosechar todos los beneficios que este trabajo de respiración transformadora tiene para ofrecer.

2. *Pranayama* y el cuerpo

Aunque el *pranayama* se ha considerado tradicionalmente una forma de meditación y transformación espiritual, investigaciones más recientes han demostrado que también ofrece numerosos beneficios físicos. Por ejemplo, los estudios han descubierto que la práctica regular de *pranayama* fortalece el sistema respiratorio, mejora la circulación y ayuda a aliviar el estrés y la ansiedad. El *pranayama* también ayuda a mejorar el enfoque y la concentración, ayudando a sentirse con más energía y equilibrio a lo largo del día. Así que si está buscando una forma eficaz de mejorar su salud y bienestar, considere la posibilidad de incorporar el *pranayama* a su práctica hoy mismo. ¡No se arrepentirá!

3. *Pranayama* y el espíritu

El *pranayama* es más que un simple ejercicio de respiración; es una poderosa práctica espiritual y física con muchos beneficios. Controlar conscientemente su respiración le ayuda a ser más consciente de su cuerpo y su mente. Además, el efecto calmante de las respiraciones profundas y rítmicas reduce la sensación de tensión y nerviosismo, lo que convierte al *pranayama* en una herramienta excelente para fomentar el bienestar mental. En un nivel más profundo, se dice que el *pranayama* ayuda a conectar con el yo más elevado o el espíritu. A través de la concentración y la respiración focalizada, puede sentirse más centrado, lúcido y tranquilo. En general, el *pranayama* ofrece innumerables beneficios para el cuerpo, la mente y el espíritu, lo que lo convierte en una de las prácticas más poderosas del yoga y de la vida en general.

Una introducción al concepto de «*prana*»

Prana es un concepto antiguo que ha desempeñado un papel esencial en diversas tradiciones espirituales a lo largo de la historia. A menudo descrito como «aliento de vida», el *prana* se refiere a la energía vital que rodea e impregna todo en el universo. Esto incluye seres vivos y objetos inanimados como rocas, ríos e incluso planetas enteros.

Aunque el *prana* pueda parecer algo intangible, se considera una parte crucial de cualquier sistema que funcione, desde un organismo unicelular hasta el universo entero. En la tradición yóguica, se considera que el *prana* es la fuerza vital que anima y sostiene a todos los seres vivos. Fluye por el cuerpo en una red de canales energéticos llamados nadis. Hay 72.000 nadis en total, con tres canales principales que recorren la columna vertebral: el *Ida* (izquierdo), el *Pingala* (derecho) y el *Sushumna* (central). La respiración es una manifestación directa del *prana*, y la práctica del *pranayama* es una de las formas más eficaces de aprovechar esta energía vital. Controlando la respiración, se puede controlar el flujo de prana dentro del cuerpo y utilizarlo de forma beneficiosa.

Técnicas de *pranayama*

Aunque la técnica del *pranayama* puede parecer bastante sencilla (después de todo, solo se trata de controlar la respiración), existen muchas formas de practicar este arte. He aquí algunas de las técnicas más populares hoy en día:

1. *Nadi shodhana*

El *pranayama Nadi shodhana*, o respiración nasal alterna, es una técnica popular de yoga beneficiosa para el cuerpo y la mente. Esta antigua práctica respiratoria consiste en inhalar por una fosa nasal a la vez, lo que calma los nervios y mejora la concentración. Para empezar a practicar esta técnica, siéntese cómodamente con la espalda recta pero no rígida. Si lo prefiere, también puede acostarse. Cierre los ojos y concéntrese en respirar lenta y profundamente por la nariz. A continuación, utilice el pulgar derecho para cerrar suavemente la fosa nasal derecha e inhale lenta y profundamente por la fosa nasal izquierda.

Cuando esté listo para exhalar, utilice el dedo anular derecho para cerrar la fosa nasal izquierda mientras suelta el aire suavemente por la fosa nasal derecha. A continuación, cambie los dedos de modo que cierre el lado izquierdo con el pulgar derecho y exhale por la fosa nasal izquierda con el dedo anular izquierdo. Repita este patrón de tres a once veces, dependiendo del tiempo que quiera dedicar a este ejercicio.

Recuerde ser consciente de su cuerpo y de su mente a medida que realiza cada paso: note cómo se desvanece cualquier sensación de tensión o ansiedad y disfrute de las sensaciones rejuvenecedoras de calma y claridad que inevitablemente aparecen al terminar. Tanto si busca aliviar el estrés como si simplemente quiere sentirse más equilibrado mental y físicamente a lo largo del día, el *pranayama Nadi shodhana* es una forma estupenda de lograr esos objetivos sin necesidad de utilizar instrucciones o equipos complicados.

2. *Pranayama Samaveta*

El *pranayama Samaveta*, o respiración enfocada, es una poderosa técnica de respiración que se ha utilizado durante siglos para calmar la mente, aumentar el enfoque y la concentración y promover la curación. Para practicar esta técnica correctamente, debe seguir un proceso paso a paso que incluye patrones rítmicos específicos de inhalación y exhalación. Estos son los pasos básicos para realizarlo:

1. Siéntese en una postura erguida y cómoda, con los ojos cerrados y los hombros relajados. Asegúrese de que la columna y la cabeza están rectas.

2. Respire profundo varias veces, concentrándose en expandir el vientre al inhalar y comprimir suavemente el aire de los pulmones al exhalar. Esto ayudará a preparar su cuerpo para la siguiente fase del trabajo respiratorio.

3. Empiece a concentrarse en el flujo natural de la respiración; cuente mentalmente cada inhalación y cada exhalación, manteniéndolas estables en cinco o seis tiempos mientras inhala lentamente por la nariz y exhala por la boca con los labios fruncidos. Mantenga este ritmo el mayor tiempo posible, hasta diez minutos o más si lo desea.

4. Cuando esté listo para terminar la práctica de *pranayama*, realice lentamente unas últimas respiraciones profundas por ambas fosas nasales antes de exhalar completamente por ambas fosas a la vez. Vuelva gradualmente a la respiración normal, tomando nota de

cualquier sensación que sienta en su cuerpo o mente durante o después de este ejercicio.

Independientemente de cómo se sienta después, recuerde que el *pranayama Samaveta* aporta muchos beneficios cuando se realiza con regularidad a lo largo del tiempo.

3. *Pranayama Ujjayi*

El *pranayama Ujjayi*, también conocido como «respiración victoriosa», es una técnica respiratoria excelente para mejorar la salud y el bienestar general. Consiste en respiraciones largas y lentas que se realizan de una manera específica para maximizar el consumo de oxígeno del cuerpo. Para realizar el *pranayama Ujjayi*, comience por sentarse erguido o acostarse en una posición cómoda. A continuación, relaje suavemente las zonas de tensión del cuerpo. Respire lenta y profundamente hacia el vientre, utilizando tanto la inhalación como la exhalación para crear una sensación de equilibrio entre el cuerpo y la mente. Al respirar de este modo, intente mantener una sonrisa suave en la cara y ser totalmente consciente de cada respiración. Con la práctica, el *pranayama Ujjayi* puede ayudarle a alcanzar la paz, la relajación y la calma interior, lo que lo convierte en una herramienta esencial para llevar una vida sana.

4. *Pranayama Bhramari*

La técnica de *pranayama Bhramari* es un poderoso ejercicio de respiración que también puede utilizarse para calmar la mente y aliviar el estrés. Para realizar esta práctica, basta con tomar asiento cómodamente, taparse los oídos con los pulgares y empezar a exhalar lentamente por la nariz. Mientras lo hace, mantenga la boca cerrada y haga vibrar suavemente los labios con los sonidos «ohm» o «hum». Mantenga estos pasos durante el tiempo que desee, respirando atentamente durante todo el proceso. Ya sea que busque reducir la ansiedad o simplemente quiera encontrar un poco de claridad para su día a día, esta técnica de respiración es una excelente herramienta para lograr el equilibrio y el bienestar en cualquier momento.

5. *Pranayama Kapalabhati*

La técnica de *pranayama Kapalabhati* es un popular ejercicio de respiración que se ha utilizado durante siglos para promover la salud en general. Dedicar unos minutos al día a realizar esta respiración puede ayudar a mejorar el sistema respiratorio, la claridad mental y la digestión. Para empezar con esta técnica, siga estas instrucciones paso a paso:

1. Siéntese cómodamente, con la columna recta pero relajada. Deje que sus manos descansen suavemente sobre su regazo o sus rodillas.
2. Inhale profundamente por la nariz y, a continuación, exhale con fuerza por la boca, al tiempo que mete el estómago y expulsa activamente todo el aire de los pulmones. Este movimiento debe ser suave y controlado, sin pausas entre la inhalación y la exhalación. Debe sentir una ligera presión empujando contra su ombligo mientras exhala.
3. Después de cada exhalación enérgica, haga una breve pausa antes de volver a inhalar profundamente por la nariz. En este punto, también puede optar por hacer una pausa al final de cada ronda de respiraciones *Kapalabhati* y hacer algunas respiraciones normales antes de volver a empezar. Continúe practicando hasta que se sienta tranquilo y enfocado, concentrándose en relajar el cuerpo con cada ciclo de respiración.

Tanto si busca reducir el estrés como mejorar su rendimiento físico, la técnica de *pranayama Kapalabhati* ofrece una excelente manera de revitalizar la mente y el cuerpo a través de prácticas de respiración consciente.

6. Anuloma viloma

El *pranayama Anuloma viloma*, también conocido como respiración nasal alterna, es una excelente manera de calmar la mente, aliviar la ansiedad y promover un mejor sueño. Este ejercicio de respiración es fácil de aprender y se puede realizar en cualquier lugar, lo que lo convierte en una gran herramienta para añadir a su rutina de autocuidado. Esta práctica consiste en realizar una secuencia específica de pasos para aprovechar el poder de la respiración y mejorar la salud y el bienestar. Para practicar esta técnica, busque un lugar cómodo y tranquilo donde pueda concentrarse en la respiración. A continuación, siga estas instrucciones paso a paso:

1. Comience respirando profundamente unas cuantas veces, despejando los pulmones y preparándose para la práctica que tiene por delante.
2. Inhale lentamente por la nariz, concentrándose en llevar la respiración profundamente a las fosas nasales.
3. Aguante la respiración un momento antes de exhalar lentamente por la boca, manteniendo la atención constante en el movimiento

del aire al salir del cuerpo. Visualice que exhala todas las emociones negativas cuando libera el aire.

4. Repita este proceso varias veces hasta que se sienta calmado y concentrado. Luego, continúe practicando como desee para aprovechar los beneficios de esta poderosa técnica de respiración.

7. *Pranayama Bhastrika*

Bhastrika es una poderosa técnica de respiración utilizada durante miles de años para aumentar los niveles de energía, aumentar la circulación y mejorar la salud física en general. Este método de *pranayama* es bastante sencillo de aprender, pero requiere algo de práctica para perfeccionarse. Empiece por sentarse en una postura cómoda, con la columna recta y los hombros relajados. Puede sentarse con las piernas cruzadas en el suelo o en una silla, con los pies bien apoyados en el suelo. Empiece por respirar hondo varias veces, llenando los pulmones y soltando el aire lentamente.

Con cada inhalación, lleve la respiración al fondo del vientre y sienta cómo se expanden también las costillas inferiores. Preste especial atención a las zonas que sienta tensas o restringidas, masajeándolas suavemente con cada inhalación y exhalación. A continuación, cierre los ojos y centre toda su atención en la respiración. Empiece inhalando lenta y profundamente por ambas fosas nasales durante unos cuatro segundos, sintiendo cómo la respiración llena el abdomen de abajo hacia arriba como si fuera un globo vacío que se llena de aire. A continuación, aguante la respiración durante otros cuatro segundos antes de exhalar lentamente por ambas fosas nasales durante unos ocho segundos, vaciando todo el aire de ambos pulmones a la vez, como si exprimiera el agua de una esponja mojada.

Por último, espere cuatro segundos antes de repetir esta ronda de respiraciones (inhalando durante cuatro segundos y exhalando durante ocho segundos) a un ritmo ligeramente más rápido que el de la primera ronda. Repita estas rondas de respiraciones profundas diez veces, siguiendo este patrón:

4-4-8; 4-4-8; 4-4-8; 3-3-6; 3-3-6; 3-3-6; 2-2-4; 2-2-4; 2-2 -4;

Un segundo de inhalación/un segundo de exhalación/cuatro segundos de pausa entre respiraciones (rondas 1 a 5); un segundo de inhalación/un segundo de exhalación/dos segundos de pausa entre respiraciones (rondas 6 a 10).

Una vez que haya realizado un total de diez rondas de *pranayama Bhastrika*, haga otras cinco respiraciones lentas y profundas para relajar el cuerpo antes de terminar la práctica. ¡Y asegúrese de beber mucha agua después de hacer *Bhastrika* para no explotar por tanta energía vital!

8. *Pranayama Sitali*

El *pranayama Sitali* es una técnica que consiste en inhalar suavemente mediante una respiración especial conocida como respiración con la lengua enrollada. Para realizar la técnica, primero debe formar un pequeño tubo con la lengua haciéndola rodar a lo largo del paladar. Una vez que haya creado el «tubo» adecuado, puede inhalar lentamente por la boca, aspirando tanto aire como le resulte cómodo. Mientras inhala, concéntrese en liberar cualquier tensión o estrés que pueda haber en su cuerpo, permitiendo que fluya hacia las puntas de los dedos de manos y pies.

Cuando termine de inhalar, mantenga la respiración unos segundos antes de exhalar gradualmente por la nariz. Con cada ciclo de esta técnica, trate de concentrarse en relajarse más y más profundamente en su interior. Con el tiempo, el *pranayama Sitali* puede ayudarle a aliviar el estrés y la ansiedad, además de sentirse tranquilo y renovado. Si quiere saber más sobre esta práctica ancestral y cómo practicarla, siga las instrucciones paso a paso.

El *pranayama* es una herramienta increíblemente poderosa que puede utilizarse para mejorar la salud física y mental de muchas maneras. Además de promover la relajación y el alivio del estrés, el *pranayama* también ayuda a mejorar su respiración, aumenta sus niveles de energía y estimula su sistema inmunológico. Hay muchas técnicas de *pranayama* que puede probar en función de sus necesidades y objetivos, así que no deje de experimentar hasta encontrar la que mejor le funcione. Recuerde empezar despacio y aumentar gradualmente la duración y profundidad de las respiraciones a medida que se sienta más cómodo con la práctica. Y lo más importante, ¡diviértase y disfrute del camino!

Capítulo 7: Técnicas de meditación para iniciar ahora

Una de las preguntas más frecuentes sobre la meditación es: ¿Para qué sirve? ¿Por qué sentarse quieto y concentrarse en la respiración cuando hay tantas otras cosas que podría estar haciendo?

La meditación se ha utilizado durante siglos para alcanzar la paz interior y lograr una autocomprensión más profunda"

La respuesta a esta pregunta reside en el hecho de que la meditación ha sido practicada durante siglos por personas de todas las profesiones y condiciones sociales. En los últimos años se ha popularizado en el mundo occidental. La meditación es una práctica antigua que tiene sus raíces en muchas culturas y filosofías diferentes. Los objetivos varían según la tradición, pero todas tienen en común que usan la meditación como una forma de concentrarse y calmar la mente.

Hay muchas formas diferentes de meditar, por lo que le resultará fácil encontrar una que le guste y con la que se sienta cómodo. Este capítulo explora los distintos tipos de meditación y ofrece consejos sobre cómo integrarla en la vida diaria.

El propósito de la meditación

La meditación se ha utilizado durante siglos para alcanzar la paz interior y profundizar en el autoconocimiento. En la meditación, se despeja gradualmente la mente de distracciones mentales y se aprende a centrarse en el momento presente. De este modo, se cultiva una mayor conciencia, se comprenden mejor los propios pensamientos y emociones y se encuentra un significado más profundo para las acciones que se llevan a cabo. Si se practica con regularidad, es posible comprender mejor quién se es, conectar más profundamente con los demás y experimentar la vida con mayor plenitud y alegría. Estos son los resultados deseados: nutrir la mente, el cuerpo y el espíritu para vivir una vida más plena y significativa.

Alcanzar turiya es el objetivo último de la meditación, aunque lleva tiempo y esfuerzo conseguirlo. Turiya, el cuarto y más elevado estado de conciencia, es una conciencia pura que va más allá de los tres estados: vigilia, sueño y sueño profundo. Cuando medita, su objetivo es aquietar la mente y alcanzar un estado de conciencia pura. En este estado, ve las cosas tal y como son, sin los filtros de sus pensamientos y emociones. Puede conectar con su verdadera naturaleza, que es puro amor y paz.

Diferentes técnicas de meditación

Se pueden utilizar diferentes técnicas de meditación para alcanzar el estado de turiya o unidad última. Un enfoque común es la meditación mediante la respiración, se debe centrar en su respiración y observar cualquier pensamiento, emoción o sensación que surja sin tratar de controlarla o alterarla de ninguna manera. Otras técnicas populares son la meditación de la conciencia, en la que se presta especial atención a cada aspecto de la experiencia a medida que se desarrolla y la meditación con mantras, en la que se repite en silencio una palabra o frase para redirigir suavemente el hilo del pensamiento cuando la mente divaga.

Sea cual sea la técnica que elija, sea constante y practíquela con regularidad para alcanzar la quietud y serenidad que caracterizan el estado de turiya. En última instancia, lo más importante no son las herramientas concretas que utilice, sino su voluntad de comprometerse de todo corazón con el proceso meditativo. Para descubrir por usted mismo lo que se oculta más allá del velo de la conciencia ordinaria, todo lo que necesita es el valor de dar el primer paso.

Meditación en veinte segundos

La meditación es una poderosa herramienta que ayuda a mantener la concentración, reducir el estrés y obtener una mayor comprensión de los pensamientos y sentimientos más íntimos. Una de las más eficaces es la meditación de veinte segundos para alcanzar turiya. Esta técnica consiste en llegar a un estado de concentración profunda y focalizada durante veinte segundos, lo que permite alcanzar un estado más relajado y pacífico en momentos en los que, de otro modo, estaría estresado o distraído. La meditación de veinte segundos puede realizarse en cualquier momento y lugar, lo que la convierte en una forma cómoda y accesible de incorporar la atención plena a la vida cotidiana.

Para practicar la meditación de veinte segundos, busque un lugar cómodo para sentarse o acostarse. Cierre los ojos y concéntrese en su respiración. Observe la sensación del aire entrando y saliendo de sus pulmones. A continuación, empiece a contar cada inhalación y cada exhalación hasta llegar a veinte. Una vez que llegue a veinte, deje que su mente se concentre en contar veinte segundos. Cuando llegue a 20, deje que su mente se aquiete y observe cualquier pensamiento o emoción que surja, sin juzgarlo ni apegarse a él. Con la práctica regular, esta breve meditación de veinte segundos calma la mente y aporta una paz y claridad duraderas.

Meditación *Aumkar*

La meditación *Aumkar* es una práctica que ayuda a alcanzar el estado de turiya o conciencia cósmica. Contemplar el sonido de *Aumkar* ayuda a sincronizar su mente y su cuerpo con los ritmos de la naturaleza, permitiéndole alcanzar niveles profundos de conciencia y quietud. Para empezar con la meditación *Aumkar*, siéntese en una postura cómoda que le permita mantener la columna recta, pero no rígida. Cierre los ojos y respire profunda y rítmicamente. A continuación, centre su atención en el sonido de *Aumkar* que vibra en el aire a su alrededor.

Mientras escucha este sonido y permite que llene su mente, deje ir los pensamientos y emociones que le distraigan. Manténgase presente en el momento y en la experiencia de escuchar a *Aumkar*. Continúe esta práctica durante el tiempo que considere oportuno, tomando nota de cualquier percepción o revelación que surja en el camino. Con la práctica regular, será capaz de utilizar la meditación *Aumkar* para explorar estados más profundos de conciencia y, en última instancia, alcanzar turiya (o la paz final y la iluminación).

Meditación *Kundalini*

La meditación *Kundalini* es una poderosa herramienta para alcanzar la paz interior y el despertar espiritual. Esta práctica consiste en utilizar la respiración concentrada, los cánticos y la visualización para activar los centros energéticos del cuerpo o «chakras». En concreto, la técnica de meditación *Kundalini* consiste en dirigir la respiración y la conciencia a través del canal energético central del cuerpo, desde la base de la columna vertebral hasta el chakra más elevado, situado en la coronilla.

Para empezar una sesión de meditación, necesita una postura cómoda, con la columna recta, pero no rígida. Una vez acomodado, puede empezar respirando profundamente varias veces por la nariz y exhalando lentamente por la boca. Mientras se concentra en cada inhalación y exhalación, sienta cualquier sensación que surja en su cuerpo y mente. Con cada exhalación, repita una frase como «deja ir» o «permite la paz» hasta que se sienta preparado para continuar con esta práctica de meditación.

A continuación, visualice una línea imaginaria que recorre la columna vertebral desde el cóccix hasta la coronilla. Mientras imagina esta línea, concéntrese en activar cada chakra a lo largo de ella, imaginándolos brillar en rojo o dorado a medida que cobran vida desde el interior. También puede cantar frases cortas como «*Om namah shivay*» o «*Aum*» para tener un apoyo adicional a medida que profundiza en su estado meditativo. Continúe concentrado en estas visualizaciones y sonidos hasta que se sienta preparado para terminar su sesión de meditación *Kundalini*. A continuación, tómese unos momentos para volver a ser consciente de lo que le rodea antes de levantarse y volver lentamente a la conciencia normal.

Meditación trascendental

La meditación trascendental (MT) es una forma única de meditación que ha ganado popularidad en los últimos años. La MT es sencilla y fácil de aprender, a diferencia de otros tipos de meditación, que requieren una intensa concentración o una profunda introspección. Para practicarla, basta con seguir una serie de instrucciones paso a paso diseñadas para guiar la mente hacia un estado de conciencia reposada llamado «turiya».

El primer paso en el aprendizaje de la MT consiste en identificar un mantra, una palabra o frase breve que ayude a aquietar la mente y a centrar los pensamientos. Puede elegir el mantra usted mismo o utilizar uno de los muchos que puede darle su maestro. Una vez elegido el mantra, cierre los ojos y repítalo en voz baja varias veces hasta que sienta que se aleja de cualquier distracción. Luego, la repetición de este mantra le permitirá llegar a estadios más profundos de conciencia reposada hasta que, finalmente, alcance turiya.

Eso es todo. Con la práctica regular, esta sencilla técnica puede ayudarle a lograr una mayor claridad y paz mental para experimentar la vida más plenamente y con mayor alegría. Así que si está buscando una manera poderosa y sencilla de mejorar su bienestar, considere dar a la meditación trascendental una oportunidad.

Meditación *Zazen*

Zazen, o la meditación Zen, es una práctica poderosa que puede utilizarse para alcanzar la paz interior y la claridad. En esencia, consiste simplemente en sentarse quieto y tomar conciencia del momento presente. Para iniciarse en la meditación *zazen*, busque un lugar tranquilo donde pueda sentarse sin ser molestado durante unos minutos al menos dos veces al día. Una vez en el espacio de meditación, empiece por respirar profundamente y concentrarse en el aire que entra y sale del cuerpo. Cuando se sienta más relajado y centrado, deje que su conciencia se expanda más allá de sus sentidos físicos. Continúe concentrado en el momento presente mientras deja que los pensamientos, las emociones y las sensaciones surjan y desaparezcan por sí solos. Con una práctica constante, la meditación *zazen* puede ayudarle a alcanzar un estado de conciencia superior.

Meditación con mantras

La meditación con mantras es una práctica que puede ayudarle a alcanzar un estado de conciencia superior. Esta técnica consiste en concentrarse en la respiración y repetir un mantra o una frase una y otra vez en la mente. Aunque pueda parecer sencillo, hay que seguir varios pasos para sacar el máximo partido a este tipo de meditación.

El primer paso es encontrar el mantra o la frase adecuados para usted. Normalmente, esto implica elegir una palabra o combinación de palabras que tengan un significado especial o que resuenen en usted a un nivel profundo. También debe encontrar un tono adecuado: algo que tranquilice y relaje, pero que no resulte monótono ni distraiga. Una vez que haya encontrado su mantra, empiece repitiéndolo suavemente en su mente mientras inhala y exhala, haciendo pausas regulares entre cada repetición si es necesario.

Mientras medita, intente centrar toda su atención en el sonido y la sensación de su respiración. Poco a poco, déjese absorber por las palabras de su mantra. Cuando surjan pensamientos en su mente, simplemente reconózcalos y vuelva suavemente al ritmo de su respiración y al relajante sonido de su mantra. Con la práctica regular, empezará a experimentar niveles más profundos de conciencia durante y después de las sesiones de meditación, hasta alcanzar el estado de turiya, un estado más allá del pensamiento, donde solo es permanente la paz.

Meditación de atención plena

La meditación de atención plena es una poderosa herramienta que puede utilizarse para cultivar la paz interior y promover el bienestar general. Esta práctica consiste en centrar la atención en el momento presente sin dejarse atrapar por pensamientos negativos o distractores. Promueve una mayor conciencia, relajación y claridad mental. En particular, la meditación de atención plena se utiliza a menudo para alcanzar turiya, que implica la expansión de la conciencia hasta el punto de la iluminación.

Para practicar la meditación de atención plena para turiya, hay varios pasos clave que debe seguir. El primer paso es encontrar un lugar tranquilo y cómodo donde sentarse sin ser molestado durante al menos diez minutos. A continuación, debe despejar la mente y concentrarse en la respiración, siendo consciente del aire mientras entra y sale del cuerpo de forma natural. Realizar algunos ejercicios suaves de estiramiento antes de empezar la sesión de meditación también puede ser útil si se siente tenso o contracturado en alguna zona del cuerpo.

Por último, cuando empiece a entrar en un estado profundo de relajación durante la sesión, no se duerma ni sueñe despierto: céntrese únicamente en estar presente en cada momento. Con la práctica regular, la meditación de atención plena para turiya puede ayudarle a acceder a niveles superiores de conciencia y a vivir una vida más pacífica y plena.

Meditación de escaneo corporal

La meditación de escaneo corporal es una práctica de atención plena muy popular que beneficia tanto a la salud mental como a la física si se practica con regularidad. Para escanear el cuerpo, primero debe alejar todas las distracciones y centrarse por completo en su cuerpo. Para ello, debe acostarse y relajar todo el cuerpo de la cabeza a los pies, o sentarse erguido y concentrar la atención en distintas partes del cuerpo. Durante todo el proceso es fundamental mantener la mente abierta, en calma y centrada en el momento presente.

Al iniciar la meditación de escaneo corporal, empiece concentrándose en los pies. Suba lentamente por cada parte del cuerpo (pantorrillas, muslos, caderas, estómago, músculos y órganos, pecho, brazos y manos) hasta llegar a la cabeza y la cara. Tome nota de las sensaciones que surjan en cada zona, pero manténgase al margen de las emociones que puedan generarse. Tal vez sienta tensión o incomodidad en algunas partes del cuerpo; en esos momentos, recuerde simplemente aceptar lo que siente sin luchar contra ello. Permanecer atento a cada paso le permite cosechar todos los beneficios mentales y físicos que ofrece esta meditación. Le sorprenderá la diferencia que puede suponer.

Meditación del amor bondadoso

La meditación del amor y la bondad es una de las formas más antiguas y populares de meditación. También conocida como *metta* o *metta bhavana*, esta práctica consiste en sintonizar con los seres queridos y enviarles pensamientos de bondad, cuidado y compasión. Para empezar una meditación de bondad amorosa para turiya, busque un lugar cómodo y tranquilo donde pueda concentrarse sin distracciones. Una vez instalado, respire hondo algunas veces para centrarse y despejar la mente de cualquier tensión o distracción.

A continuación, concéntrese en alguien hacia quien sienta amor y gratitud, tal vez un amigo o un familiar que haya sido especialmente amable o le haya apoyado. Cuando haya encontrado el objeto de su atención, visualícese enviándole amor y buenos deseos. Sienta la calidez de estos sentimientos irradiando desde su corazón mientras centra su atención en ellos. Con cada respiración, repita una intención para el bienestar de la otra persona: que sea feliz y saludable, que esté en paz y que experimente todas las alegrías de esta vida y del más allá. Concéntrese en estas expresiones de cariño hasta que le parezcan naturales.

Por último, añada un poco más de energía y amplíe su sentido de la compasión para incluir a otras personas de su vida (quizás a un mentor o a una mascota querida) que también hayan traído alegría a su mundo. Mientras repite las mismas intenciones para su felicidad y bienestar, expanda ese sentimiento hacia fuera para que incluya a todos los que le rodean, incluso a extraños que puedan estar pasando por momentos difíciles. Con cada repetición, suelte cualquier barrera de egoísmo entre usted y los demás hasta que todas las formas de sufrimiento se desvanezcan como la niebla que se dispersa ante la salida del sol. Cuando todos los demás pensamientos pasen como nubes a la distancia, permanezca en ese estado de bondad amorosa: conciencia pura libre de limitaciones y cambios en todo momento, sin principio ni fin de la existencia misma.

Meditación de visualización

La meditación de visualización es una práctica poderosa que puede utilizarse para alcanzar estados profundos de relajación y conciencia. Como en cualquier otra forma de meditación, es importante empezar despacio y desarrollar su habilidad con el tiempo. Si es nuevo en la meditación de visualización, aquí tiene una guía paso a paso para empezar:

1. Para empezar, busque un lugar cómodo para sentarse o acostarse donde no le molesten. Cierre los ojos y respire profundamente varias veces, concentrándose en cada inhalación y exhalación.

2. Cuando se sienta tranquilo y centrado, imagine que está en un prado o campo abierto, rodeado de hierba alta y árboles. Fíjese en los frescos colores verdes de las plantas que le rodean, así como en los suaves sonidos de los pájaros que pían o susurran con el viento.

3. A continuación, imagine que hay una bola de luz brillante justo delante de usted. Es su luz interior, la fuente de toda compasión, sabiduría y perspicacia. Inhale lentamente esta hermosa luz hasta que todo su ser se sienta rodeado por su cálido resplandor.

4. Ahora que ha establecido su luz interior como punto de referencia para la calma y la concentración, dedique algún tiempo a visualizar esta luz brotando de cada poro de su cuerpo como una fuente de energía y conciencia. Deshágase de cualquier pensamiento o preocupación que surja en su mente y, en su lugar, centre toda su atención en ese brillante flujo de luz blanca que hay en su interior.

Con paciencia y práctica constante, pronto será capaz de entrar en estados de conciencia aún más profundos utilizando técnicas de meditación de visualización.

Hacer de la meditación una forma de vida

Los beneficios de la meditación están bien documentados, desde la mejora de la salud mental y emocional hasta el crecimiento espiritual. Sin embargo, a pesar de sus muchos beneficios, muchas personas caen en la trampa de probar la meditación sin tener un plan claro para convertirla en un hábito regular. Aunque añadir la meditación a la rutina diaria puede ser un reto al principio, es posible integrarla con éxito en el propio estilo de vida dando pequeños pasos que se acumulen con el tiempo. Por ejemplo, puede empezar reservando unos minutos cada mañana o cada noche para sentarse en quietud e ir aumentando gradualmente el tiempo a medida que su cuerpo y su mente se acostumbran al proceso.

Además, puede hacer que su práctica sea más eficaz fijándose objetivos, dividiendo los más grandes en pequeñas metas y relacionándose con otras personas que compartan sus mismos intereses. Con la mentalidad y el enfoque adecuados, la meditación puede convertirse rápidamente en una poderosa herramienta para lograr una mayor felicidad y bienestar en su vida.

La meditación es una herramienta sencilla pero poderosa que puede utilizarse para mejorar la salud mental y emocional, así como el bienestar espiritual. Aunque establecer una práctica regular de meditación puede llevar algún tiempo, el esfuerzo vale la pena. Dando pequeños pasos y estableciendo objetivos, puede convertir la meditación en parte de su rutina diaria y cosechar todos los beneficios que conlleva.

Capítulo 8: Mantras y mudras útiles

Los mudras y los mantras son dos «accesorios» importantes para las prácticas de meditación y yoga. Los mudras son gestos con las manos que ayudan a concentrarse y aumentar la conciencia, mientras que los mantras son palabras o frases cantadas que también calman y concentran la mente. Tanto los mudras como los mantras pueden utilizarse para alcanzar el estado de turiya o cuarto estado de consciencia. En este capítulo, se mira más de cerca a cada uno de estos accesorios, incluyendo algunos de los mudras y mantras más importantes.

Mudras

Los mudras implican el uso de gestos específicos con las manos para facilitar el movimiento y la fluidez del cuerpo. Aunque muchas personas asocian los mudras con posturas físicas, también pueden utilizarse para mejorar la concentración y la conciencia durante la meditación. Los mudras son especialmente poderosos para alcanzar el turiya, el estado más profundo de meditación caracterizado por la conciencia pura.

Uno de los mudras más conocidos para alcanzar turiya es el llamado mudra *Shunya*, que consiste en juntar las manos por los pulgares a la altura del pecho. Este mudra ayuda a acumular energía en el chakra del tercer ojo, entre las cejas, aumentando la concentración y aportando claridad de pensamiento. Otros mudras que se usan comúnmente para alcanzar turiya son el *Maha bandha* y el *Ardh chandra bhedana*, diferentes posturas de las manos que activan distintos centros energéticos del cuerpo para profundizar en el estado meditativo.

Si bien estas técnicas no aseguran alcanzar turiya mágicamente, son herramientas útiles para apoyar estados profundos de conciencia durante la práctica de la meditación. Así que si quiere mejorar su concentración y conciencia mientras busca turiya, ¡considere incorporar algunos mudras a su práctica!

Mudra *Kali*

Se dice que este mudra ayuda a acceder al cuarto estado de conciencia, conocido como turiya. El mudra *Kali* tiene muchos significados, dependiendo del contexto en el que se utilice. Una de las interpretaciones más comunes es que simboliza la fuerza y el control sobre las propias emociones.

- **Objetivo**

Se cree que la práctica del mudra *Kali* ayuda en una amplia gama de problemas de salud y bienestar. Utilizado a menudo en yoga, existen múltiples teorías sobre cómo y por qué este mudra funciona, pero hay pruebas que sugieren que proporciona a los practicantes una sensación de calma, mejora la circulación y alivia el dolor articular. Si busca ayuda para lidiar con el estrés crónico o simplemente quiere encontrar una forma de mejorar su bienestar general, el mudra *Kali* es una herramienta eficaz que puede adaptar para satisfacer sus necesidades particulares.

- **Simbolismo**

El mudra *Kali* es un gesto simbólico; sirve como representación de muchos conceptos e ideas diferentes. Kali representa los poderes destructivos y creativos de la naturaleza, mientras que la palma abierta simboliza la receptividad que viene con la humildad y la confianza. Además, los dedos cruzados representan la entrega a sí mismo o la liberación de apegos personales. Con estos significados en mente, es fácil ver por qué el mudra *Kali* es un gesto crucial para los practicantes de yoga. Si está buscando el despertar espiritual o un momento de paz interior, este simple pero poderoso mudra puede ayudarle en su viaje hacia la iluminación.

- **Instrucciones**

Para realizar este mudra, extienda la mano hacia fuera y doble los tres dedos centrales hacia la palma, manteniendo el pulgar y el anular rectos. Para utilizar el mudra *Kali* en meditación, simplemente mantenga este gesto durante unos minutos mientras aquieta su mente. Esto le puede ayudar a calmarse y centrarse, atrayendo la atención hacia su interior. Algunas personas también utilizan el mudra *Kali* como técnica para aliviar el estrés, respirando profundamente con los dedos doblados hacia abajo para enviar energía relajante a todo el cuerpo.

Si busca equilibrio y conexión con la tierra o simplemente busca un momento de paz durante un día ajetreado, el mudra *Kali* puede ser una herramienta eficaz para ayudarle a conseguir esos objetivos. Por lo tanto, hágalo la próxima vez que necesite ayuda para encontrar la fuerza interior o recuperar el control de sus emociones.

Mudra *Jnana*

Mudra *Jnana*[45]

Jnana es una palabra sánscrita que significa «sabiduría» o «conocimiento». Se cree que este mudra tiene diversos beneficios, como la mejora de la atención y la concentración, el aumento de los niveles de energía y la reducción del estrés.

- **Objetivo**

El propósito preciso del gesto puede variar dependiendo de la escuela de yoga. Por ejemplo, en algunas ramas de la práctica yóguica, se cree que el mudra *Jnana* fomenta el flujo de energía a lo largo de canales específicos dentro del cuerpo, lo que conduce a una mayor vitalidad y bienestar. En otras tradiciones del yoga, el gesto se considera una forma de conectar con estados superiores de conciencia o sabiduría interior. Independientemente de su significado o función precisos, una cosa está clara: el mudra *Jnana* ha ganado popularidad en los últimos años a medida que más y más personas buscan formas de mejorar su práctica de meditación.

- **Simbolismo**

El mudra *Jnana* es un gesto simbólico de la mano que se ha utilizado durante siglos en diversas tradiciones espirituales, como el yoga, el budismo y el hinduismo. Este gesto icónico es un símbolo de conocimiento y sabiduría y puede utilizarse como práctica meditativa o simplemente como elemento decorativo. El mudra *Jnana* expresa una reverencia por el conocimiento como componente clave del crecimiento espiritual. Así pues, si utiliza este mudra como parte fundamental de su práctica de meditación o simplemente como un elemento estéticamente agradable, le dará que pensar cada vez que lo vea.

- **Instrucciones**

Para realizar la postura, simplemente siéntese con las piernas cruzadas y las manos apoyadas en las rodillas, formando una imagen simétrica. Esta postura forma un círculo con el pulgar y el índice, mientras que el resto de los dedos quedan bien abiertos. Algunas personas utilizan el mudra *Jnana* para equilibrar los chakras, o centros de energía del cuerpo, concentrándose en puntos o zonas específicas al mantener la postura. Otros practicantes la utilizan como parte de sus rutinas de meditación para alcanzar mayores niveles de claridad mental y calma. Sean cuales sean sus razones para practicar el mudra *Jnana*, esta postura eficaz puede ayudarle a obtener un mayor control sobre su mente y su cuerpo mientras se relaja en la quietud.

Mudra *Surya*

El mudra *Surya* es otro gesto popular de las manos. *Surya* significa «sol» en sánscrito, y se dice que este mudra representa la energía y el poder vivificante del sol. Este mudra tiene diversos beneficios, como la mejora de la atención y la concentración, el aumento de los niveles de energía y la reducción del estrés. Si usted es un yogui experimentado o acaba de comenzar su viaje en la meditación, el mudra *Surya* es una herramienta simple pero poderosa para promover el bienestar en el cuerpo y la mente.

- **Objetivo**

El mudra *Surya* es un gesto de la mano que se utiliza comúnmente en las prácticas de yoga y meditación. El propósito de este mudra es estimular los centros de energía del cuerpo (Sus chakras), aplicando una suave presión en puntos específicos de las manos. Al activar estos centros de energía, se promueve la salud física y mental, se reduce el estrés y la ansiedad, y se aumenta la claridad de la mente. Con la práctica regular de este mudra, puede cosechar todos los beneficios que ofrece.

- **Simbolismo**

El mudra *Surya*, también conocido como el «gesto del sol», es una antigua postura de los dedos con una rica herencia y un poderoso simbolismo. Se cree que este mudra es naturalmente energizante y que calienta, simbolizando tanto la luz del sol como su poder vivificante. Según la creencia tradicional, la práctica del mudra *Surya* revitaliza el cuerpo, aumenta la creatividad, refuerza la inmunidad y despierta la energía positiva. Tanto si practica este mudra como parte de su rutina diaria de yoga o si lo hace como una forma de centrarse en usted mismo en momentos de estrés, tiene un gran potencial para mejorar su bienestar mental, físico y espiritual. Así que, ¿por qué no probar este sencillo pero significativo gesto meditativo? Le sorprenderán los beneficios que le puede aportar.

- **Instrucciones**

El mudra *Surya* es un simple gesto de la mano que se puede utilizar para mejorar la circulación, reducir el estrés y promover sentimientos de calma y bienestar. Este mudra consiste en juntar las puntas de los dedos pulgar e índice, manteniendo el resto de la mano suelta y abierta. Para realizar este mudra, siéntese cómodamente con las manos en el regazo o a los lados. A continuación, junte suavemente las puntas de los dedos pulgar e índice, manteniendo esta posición durante cinco o diez minutos. El mudra *Surya* no solo es una forma sencilla de mejorar la salud y el bienestar general, sino que también puede practicarse en cualquier lugar, sin necesidad de equipo especial ni instrucciones.

Mantras

Un mantra es una palabra o frase que se repite durante la meditación para aumentar la concentración y la conciencia. Durante los estados meditativos profundos, como turiya, los mantras son extremadamente eficaces para despejar las distracciones y dirigir la mente hacia la quietud.

Algunos de los mantras más comunes son simples repeticiones de una sola palabra, como «paz» o «calma», mientras que otros incorporan patrones lingüísticos más complejos que involucran al intelecto y a las emociones. Sea cual sea la forma que adopte, un mantra es una herramienta que ayuda a clarificar la intención y profundizar en la experiencia meditativa. Tanto si está empezando como si quiere profundizar en su práctica, incorporar mantras a su rutina diaria es una forma excelente de mejorar sus posibilidades de alcanzar turiya.

Om shanti shanti shanti

Om shanti shanti shanti es un mantra sagrado que se utiliza para promover la paz interior y conectar con lo divino. Este mantra puede repetirse en momentos de estrés o lucha para calmar la mente y tranquilizar el alma. A través de sus vibraciones pacíficas, este mantra ayuda a alinearse con el universo y a conectar con el yo superior.

- **Pronunciación**

Pronunciado «*ohm shahn-tii Shahn-tii*», este mantra se compone de tres palabras sánscritas que pueden traducirse como «paz», «calma» y «tranquilidad».

- **Significado**

Esta sencilla pero profunda invocación se entiende tradicionalmente como una forma de meditación sobre la paz divina. Este mantra puede utilizarse como herramienta para despejar la mente, centrar los sentidos y cultivar una sensación de calma interior. Además, muchos yoguis creen que repetir el mantra *Om shanti shanti shanti* hace aflorar la propia luz o energía interior, apoyando el viaje hacia niveles superiores de conciencia espiritual.

- **Importancia**

El mantra *Om shanti shanti shanti* tiene propiedades curativas; ayuda a restablecer el equilibrio y la armonía en nuestros cuerpos y mentes. Tanto si busca guía espiritual como si solo quiere un poco de paz en su vida, cantar *Om shanti shanti shanti* puede ser una poderosa forma de encontrar la tranquilidad y la iluminación. Así que si busca reconectar consigo mismo y con su verdadero propósito, deje que este antiguo mantra le guíe. *Om shanti shanti shanti.*

Aum namah shivaya

Aum namah shivaya es un mantra sagrado que se utiliza para honrar a la deidad hindú Shiva. A menudo se repite durante la meditación para conectar con la energía de Shiva y recibir sus bendiciones. Además, *Aum namah shivaya* también se utiliza como una herramienta para la autopurificación, ya que ayuda a soltar los pensamientos y emociones negativas que limitan.

- **Pronunciación**

Pronunciado «*ohm nah-mah shi-vie-yah*», este mantra se compone de cuatro palabras sánscritas que pueden traducirse como «Me inclino ante Shiva».

- **Significado**

Aum namah shivaya es un canto sagrado que suele utilizarse como mantra en la meditación y la práctica espiritual. Se cree que estas poderosas palabras sánscritas ayudan al individuo a entrar en un estado de conciencia más profundo y a conectar con las fuerzas divinas que actúan en el universo. Según la tradición, *Aum namah shivaya* refleja el principio, el medio y el fin de todas las cosas. Se dice que encarna la vibración primordial de la creación y representa tanto la lucha como la liberación. En muchos sentidos, estas dos fuerzas opuestas forman el núcleo de la existencia humana: desde el nacimiento hasta la muerte, se lucha y se hace el esfuerzo de progresar, aunque inevitablemente llega el declive y la decadencia. A pesar de esta dura verdad sobre la vida, *Aum namah shivaya* recuerda que la paz y la satisfacción pueden encontrarse a través de la liberación del sufrimiento terrenal. Mediante la repetición de estas palabras sagradas y una profunda concentración durante la meditación, es posible acercarse un paso más a encontrar la paz interior.

- **Importancia**

Aum namah shivaya es un antiguo mantra sánscrito que está cargado positivamente con energía espiritual. Este poderoso mantra se ha utilizado durante siglos para la iluminación, ayudando a las personas a conectar con lo divino y a liberar sus deseos más íntimos. Pero quizá su mayor importancia radique en la capacidad que tiene de crear sentimientos de paz y calma en el corazón y la mente. Se puede acceder a una profunda sensación de tranquilidad interior cantando esta frase sagrada, lo que permite afrontar los retos de la vida con optimismo y claridad. Así que si está buscando una forma de conectar con su espiritualidad o simplemente busca la paz y la tranquilidad en su vida, *Aum namah shivaya* le ofrece una profunda visión y curación.

So hum

El mantra *So hum* es una poderosa herramienta para conectar con su sabiduría interior y acceder a la profunda sabiduría del universo. Este mantra consta de dos palabras sencillas (*so* y *hum*) que representan el equilibrio entre el yo y el todo. Repitiendo este mantra y concentrándose plenamente en el sonido de cada palabra, puede aquietar la mente, abrir el corazón y conectar profundamente con usted mismo y con todos los seres del mundo. Por esto, el mantra *So hum* es una práctica curativa y transformadora que se ha utilizado durante generaciones para promover la paz, la comprensión y el entendimiento.

- **Pronunciación**

Pronunciado «*soh-hum*», este mantra se compone de dos palabras sánscritas que pueden traducirse como «Yo soy eso».

- **Significado**

El mantra *So hum* es fundacional en la tradición yóguica. También conocido como «yo soy» o «el sonido secreto», esta frase se utiliza como afirmación de la propia divinidad y conecta al individuo con su yo superior. Su significado también puede interpretarse de forma más amplia como un recordatorio para mantener los pies en la tierra, conectar con el momento presente y centrarse en lo que es verdaderamente importante en la vida. Tanto si practica yoga como si simplemente intenta calmar su mente y centrar su atención, el mantra *So hum* puede ser muy poderoso para calmar su mente y encontrar claridad incluso en las circunstancias más estresantes. En última instancia, esta antigua frase sánscrita encarna la esencia de la transformación y el despertar espiritual, recordando que siempre se está exactamente donde se tiene que estar.

- **Importancia**

El mantra *So hum* es un elemento clave de la práctica del yoga y la meditación. También conocido como el ritmo primordial, este mantra ayuda a equilibrar y alinear la mente, el cuerpo y el espíritu. Centrar la atención en el sonido *So hum* ayuda a aquietar la mente, conectar más profundamente con el ser interior y avanzar hacia una mayor armonía y bienestar. Además, la simple recitación del mantra afecta profundamente los niveles de energía y el estado emocional. Tanto si busca aquietar la mente durante la meditación como si quiere aumentar la sensación de paz y satisfacción en su vida diaria, el mantra *So hum* posee un gran poder y significado.

Los mudras y los mantras son dos poderosas herramientas utilizadas para la autotransformación y la sanación. Los mudras son gestos con las manos que ayudan a dirigir el flujo de energía dentro del cuerpo, mientras que los mantras son palabras o frases sagradas que tienen efectos espirituales positivos. Tanto los mudras como los mantras pueden utilizarse para promover sentimientos de paz, calma y bienestar. Cuando se utilizan juntos, son increíblemente poderosos para el autocuidado y el crecimiento personal. Si quiere mejorar su bienestar, considere incorporar mudras y mantras a su rutina diaria.

Capítulo 9: Secuencias de yoga para alcanzar turiya

Crear una práctica diaria de yoga puede mejorar enormemente su flexibilidad, fuerza y sensación general de bienestar. Sin embargo, con tantas técnicas diferentes para elegir, puede ser difícil decidir por dónde empezar. En este capítulo se reúnen todas las posturas, técnicas de respiración, métodos de meditación, mantras y mudras en secuencias completas para realizar una o varias veces al día. Hacer estas secuencias con regularidad le ayudará a crear un sano equilibrio mente-cuerpo-espíritu en su vida.

Practicar yoga a diario es una forma estupenda de mejorar la flexibilidad, la fuerza y la sensación general de bienestar[46]

Secuencia del lunes

Empezar con una práctica de yoga es una buena manera de establecer el tono del resto de la semana. Esta secuencia le ayudará a conectar con su respiración, centrarse y liberar cualquier tensión que pueda tener del fin de semana.

Técnica de meditación: Meditación de atención plena

Empiece por sentarse en una postura cómoda y concentrarse en su respiración. Sea consciente del aire que entra y sale por la nariz y los pulmones. No intente controlar la respiración, deje que fluya de forma natural. Si su mente divaga, vuelva a centrarse suavemente en la respiración.

Técnica de respiración: respiración 4-7-8

Cuando haya terminado la meditación de atención plena, haga la respiración 4-7-8 para relajarse. Inhale contando hasta cuatro, aguante la respiración contando hasta siete y exhale contando hasta ocho. Repita este ciclo varias veces.

Postura de yoga: Postura del gato y la vaca

Empiece con la posición de «plancha» apoyado sobre sus manos y sus rodillas. Al inhalar, deje caer el vientre y mire hacia el techo, arqueando la columna. Al exhalar, redondee la columna hacia el techo y lleve la barbilla hacia el pecho. Repita esta postura varias veces, moviéndose lenta y suavemente con la respiración.

Postura de yoga: Perro mirando hacia abajo

Desde la posición de la plancha, meta los dedos de los pies por debajo y levante las caderas hacia arriba y hacia atrás, formando una «V invertida». Estire las piernas todo lo que pueda sin comprometer la curva natural de la columna. Deje que la cabeza cuelgue hacia abajo y relaje los hombros. Permanezca en esta postura durante al menos cinco respiraciones.

Postura de yoga: Guerrero II

Desde la postura del perro boca abajo, adelante el pie derecho entre las manos. Alinee la rodilla derecha sobre el tobillo derecho y mueva las caderas hacia la parte delantera de la esterilla. Extienda los brazos a los lados, paralelos al suelo, y mire por encima de la mano derecha. Mantenga esta postura durante cinco respiraciones antes de cambiar al otro lado.

Mantra: *So hum*

Cuando haya terminado la postura del guerrero II, vuelva al perro boca abajo y respire profundamente unas cuantas veces. A continuación, siéntese en una posición cómoda y cierre los ojos. Repítase el mantra «*So hum*» en silencio. Este mantra puede traducirse como «yo soy eso» o «yo soy todo». Deje que el mantra se asimile y quédese con ese sentimiento.

Mudra: Mudra *Gyan*

Termine su secuencia de los lunes sentándose en una posición cómoda y respirando profundamente unas cuantas veces. Coloque las manos sobre el regazo con las palmas hacia arriba. Junte los dedos índice y pulgar formando un círculo. Este mudra se conoce como el «mudra del conocimiento» y se dice que favorece la concentración y la claridad de pensamiento.

Secuencia de los martes

Los martes céntrese en aumentar la fuerza y la energía. Esta secuencia incluye algunas posturas de pie que le ayudarán a mejorar su equilibrio y coordinación.

Postura de yoga: Postura de la montaña

Colóquese de pie con los pies separados a la anchura de las caderas y los brazos a los lados. Contraiga los músculos centrales y levante los hombros. Mire hacia delante y respire profundamente.

Postura de yoga: Media postura del camello

Desde la postura de la montaña, coloque la mano derecha en la parte baja de la espalda y levante el brazo izquierdo hacia el techo. Arquee suavemente la espalda y mire hacia el techo. Mantenga esta postura durante cinco respiraciones antes de cambiar al otro lado.

Postura de yoga: Postura de la silla

Desde la postura de la montaña, doble las rodillas y baje las caderas hasta la posición de «silla». Mantenga las rodillas alineadas sobre los tobillos e intente poner los muslos paralelos al suelo. Levante los brazos hacia el techo y mantenga esta postura durante cinco respiraciones.

Meditación: Escaneo corporal

Cuando haya terminado la postura de la silla, busque un asiento cómodo. Cierre los ojos y respire profundo varias veces. Empezando por los pies, centre la atención en cada parte del cuerpo y observe las sensaciones o emociones que experimenta. No juzgue ni intente cambiar nada; simplemente observe y déjese llevar.

Mantra: *Aum namah shivaya*

Cuando haya terminado de escanear su cuerpo, siéntese unos minutos más y repita para sí mismo el mantra «*Aum namah shivaya*». Este mantra es un tributo al señor *Shiva*, el dios hindú de la destrucción. Se dice que promueve la paz y la serenidad.

Mudra: Mudra *Ganesha*

Para terminar la secuencia del martes, coloque una mano sobre la otra, con la superior a la altura del corazón. Los dedos pulgar, índice y corazón deben tocarse, formando un triángulo. El dedo anular debe estar doblado y hacia atrás, mientras que el meñique debe estar extendido y apuntando hacia fuera. Al activar el mudra *Ganesha*, puede aprovechar su sabiduría interior inherente para liberar todo su potencial tanto a nivel físico como espiritual.

Secuencia de los miércoles

Los miércoles se centrará en la flexibilidad y la liberación de tensiones. Esta secuencia incluye algunos estiramientos suaves que le ayudarán a liberar cualquier tensión en los músculos.

Postura de yoga: Postura del niño

Sentado, lleve las rodillas hacia el pecho y luego baje lentamente las caderas hasta los talones. Apoye la frente en el suelo y extienda los brazos hacia delante. Respire profundamente y mantenga esta postura todo el tiempo que desee.

Postura de yoga: Postura del gato y la vaca

Desde la postura del niño, colóquese en cuatro apoyos con las muñecas alineadas bajo los hombros y las rodillas alineadas bajo las caderas. Al inhalar, arquee la espalda y mire hacia el techo. Al exhalar, arquee la espalda y meta la barbilla hacia el pecho. Continúe este movimiento durante unas cuantas respiraciones.

Postura de yoga: Postura de la paloma

Desde la postura del gato y la vaca, lleve la rodilla derecha hacia delante y colóquela detrás de la muñeca derecha. Baje lentamente la pierna izquierda hacia atrás y extienda la pierna derecha. Puede colocar una manta debajo de las caderas para apoyarse. Mantenga esta postura durante cinco respiraciones antes de cambiar al otro lado.

Meditación: Amor bondadoso

Cuando haya terminado la postura de la paloma, busque un asiento cómodo. Cierre los ojos y respire hondo varias veces. Piense en alguien de su vida a quien quiera y envíele pensamientos de calidez, compasión y amor. A continuación, extiéndalos hacia usted.

Mantra: *Om mani padme hum*

Cuando haya terminado la meditación, siéntese unos minutos más y repita el mantra «*Om mani padme hum*». Se dice que este mantra es la clave de la iluminación y se utiliza como plegaria por compasión.

Mudra: Mudra de la compasión

Para terminar la secuencia del miércoles, siéntese en una postura cómoda y coloque las manos sobre el regazo con las palmas hacia arriba. Junte los dedos pulgar y corazón mientras mantiene los dedos índice y anular extendidos. Este mudra se conoce como el «mudra de la compasión» y se dice que fomenta los sentimientos de amor y comprensión.

Secuencia de los jueves

Los jueves se centrará en el equilibrio y en la autoconciencia. Esta secuencia incluye algunas posturas de pie que le ayudarán a mejorar su equilibrio y coordinación.

Postura de yoga: Postura del árbol

De pie, desplace el peso sobre el pie izquierdo y suba el pie derecho para apoyarlo en el muslo izquierdo. Mantenga las caderas cuadradas y los brazos a los lados. Respire hondo y levante los brazos por encima de la cabeza. Mantenga esta postura durante cinco respiraciones antes de cambiar al otro lado.

Postura de Yoga: Postura de la media luna

Desde la postura del árbol, baje la mano derecha al suelo y levante la pierna izquierda. Mantenga la mirada en un punto fijo delante de usted para mantener el equilibrio. Mantenga esta postura durante cinco respiraciones antes de cambiar al otro lado.

Postura de yoga: Guerrero III

Desde la postura de la media luna, baje la pierna izquierda hasta el suelo y lleve los brazos a los lados. Desplace el peso hacia el pie derecho y levante la pierna izquierda. Inclínese hacia delante desde las caderas, manteniendo la espalda recta. Mantenga esta postura durante cinco respiraciones antes de cambiar al otro lado.

Meditación: Centrarse

Después de terminar el guerrero III, siéntese cómodamente. Cierre los ojos y respire profundamente varias veces. Centre su atención en la respiración y deje que desaparezcan todos los demás pensamientos. Quédese así todo el tiempo que quiera.

Mantra: *Om gam ganapataye namah*

Cuando haya terminado la meditación, siéntese unos minutos más y repita para usted mismo el mantra «*Om gam ganapataye namah*». Este mantra es una plegaria al señor Ganesha, el dios hindú de la sabiduría y los nuevos comienzos.

Mudra: Mudra *Shankh*

Para terminar la secuencia del jueves, siéntese cómodamente y coloque las manos sobre el regazo con las palmas hacia arriba. Junte el pulgar y el índice mientras extiende los dedos corazón, anular y meñique. Con la mano derecha, forme una «C» y coloque el dorso de la mano sobre la izquierda, formando una caracola. Este mudra favorece la calma y la estabilidad.

Secuencia de los viernes

Los viernes se centrará en las torsiones y en liberar cualquier tensión acumulada durante la semana. Esta secuencia incluye algunas posturas de torsión de pie y sentado que ayudan a estirar y relajar los músculos.

Postura de Yoga: Postura media del camello

De pie, arrodíllese en la esterilla con las rodillas separadas a la altura de las caderas. Coloque las manos en la parte baja de la espalda e inclínese hacia atrás, dejando que la cabeza caiga también hacia atrás. Mantenga esta postura durante cinco respiraciones.

Postura de yoga: Torsión sentado

Desde la media postura del camello, siéntese y extienda las piernas hacia delante. Cruce la pierna derecha sobre la izquierda y coloque la mano derecha en el suelo detrás de usted. Coloque la mano izquierda sobre la rodilla derecha y gire el torso hacia la derecha. Mantenga esta postura durante cinco respiraciones antes de cambiar al otro lado.

Postura de Yoga: Postura media del señor de los peces

Desde la torsión sentado, lleve las piernas hacia atrás hasta la postura del medio camello. Levante el brazo izquierdo por encima de la cabeza y gire el torso hacia la derecha, llevando el brazo izquierdo al suelo detrás de usted. Mire por encima del hombro derecho. Mantenga esta postura durante cinco respiraciones antes de cambiar al otro lado.

Postura de yoga: Postura del triángulo girado

Desde la postura del medio señor de los peces, estire las piernas y pase a la postura del triángulo. Extienda el brazo derecho por encima de la cabeza y la mano izquierda hacia el suelo. Gire el torso hacia la derecha, mirando por encima del hombro derecho. Mantenga esta postura durante cinco respiraciones antes de cambiar al otro lado.

Meditación: Soltar

Cuando haya terminado la postura del triángulo girado, busque un lugar cómodo para sentarse. Cierre los ojos y respire profundamente varias veces. Centre su atención en la respiración y deje que desaparezcan todos los demás pensamientos. Quédese así todo el tiempo que quiera.

Mantra: *Om namah shivaya*

Cuando haya terminado la meditación, siéntese unos minutos más y repita para usted mismo el mantra «*Om namah shivaya*». Este mantra es una plegaria al señor Shiva, el dios hindú de la destrucción.

Mudra: Mudra *Aum*

Para terminar la secuencia del viernes, siéntese con la columna recta. Lleve las manos a las rodillas con las palmas hacia arriba. Doble los dedos índice y corazón hacia abajo hasta tocar la base del pulgar. Extienda los dedos anular y meñique.

Secuencia de los sábados

Los sábados se centran en estiramientos profundos y relajación. Esta secuencia incluye algunas posturas de yoga reconstituyente que le ayudarán a estirar y relajar los músculos.

Postura de yoga: Postura del niño

Arrodillado, baje el torso hasta la esterilla y estire los brazos hacia delante. Apoye la frente en la esterilla y respire profundamente. Mantenga esta postura durante cinco respiraciones.

Postura de yoga: Postura de la paloma

Desde la postura del niño, lleve la pierna derecha hacia delante y colóquela frente a usted de forma que la rodilla quede junto a la muñeca derecha y el tobillo junto a la cadera izquierda. La pierna izquierda debe estar estirada hacia atrás. Baje el torso hacia la esterilla y apoye la frente en ella. Mantenga esta postura durante cinco respiraciones antes de cambiar al otro lado.

Postura de yoga: Postura de la esfinge

Desde la postura de la paloma, baje el torso hasta la esterilla y deslice la pierna izquierda hacia atrás para que ambas piernas queden estiradas detrás de usted. Coloque los codos debajo de los hombros y apóyese en los antebrazos. Mantenga esta postura durante cinco respiraciones.

Meditación: Visualizar

Cuando haya terminado la postura de la esfinge, acuéstese en la esterilla y cierre los ojos. Respire profundo varias veces y visualice un lugar tranquilo. Puede ser un lugar en el que haya estado antes o uno que imagine. Imagine todos los detalles de ese lugar: lo que ve, los sonidos, los olores. Quédese ahí todo el tiempo que quiera.

Mantra: *Om mani padme hum*

Cuando haya terminado la visualización, siéntese y repita para usted mismo el mantra «*Om mani padme hum*». Este mantra es una plegaria al Buda de la compasión, Chenrezig.

Mudra: Mudra de la compasión

Para terminar la secuencia del sábado, siéntese en una postura cómoda con la columna recta. Lleve las manos al centro del corazón, con la mano derecha ahuecando la izquierda. Este mudra se conoce como el «mudra de la compasión» y se dice que fomenta los sentimientos de amor y bondad.

Secuencia de los domingos

Los domingos se tomará un descanso de su rutina y se centrará en el cuidado personal. Esto puede incluir tomar un baño relajante, leer su libro favorito o pasar tiempo con sus seres queridos. Haga lo que necesite para recargarse y rejuvenecer de cara a la semana que tiene por delante. Pasear por la naturaleza, comer alimentos sanos y dormir lo suficiente también son formas estupendas de cuidarse.

Baño relajante: Añada un poco de aromaterapia relajante o unas gotas de aceite de lavanda a la bañera para relajarse.

Leer: Acuéstese con su libro favorito y escape a otro mundo durante un rato.

Tiempo con los seres queridos: Pase tiempo con la familia o los amigos, o contacte a alguien con quien hace tiempo que no habla.

Paseos por la naturaleza: Pasee por el parque o el bosque y aprecie la belleza que le rodea.

Comer alimentos sanos: Llene su cuerpo de alimentos nutritivos que le hagan sentir bien.

Dormir lo suficiente: Asegúrese de dormir lo suficiente cada noche para que su cuerpo y su mente descansen y se recarguen.

Estos son solo algunos ejemplos de las diferentes secuencias que puede hacer en casa para mejorar su salud y bienestar. Recuerde escuchar a su cuerpo y su respiración, y deje de lado cualquier expectativa u objetivo que tenga para su práctica. Manténgase presente en el momento y disfrute del proceso. Aunque es importante desafiarse a uno mismo, encuentre lo que hace sentir bien a su cuerpo y haga lo que pueda para nutrir su mente y su alma.

Capítulo 10: Pasos diarios hacia turiya

Para alcanzar turiya, es crucial tener un estilo de vida dedicado a este objetivo. Esto significa algo más que meditar o hacer yoga todos los días. Requiere un cambio de mentalidad y el compromiso de tomar conciencia de los propios pensamientos, emociones y acciones. Aunque pueda parecer una tarea desalentadora, realizar este cambio de perspectiva es esencial para alcanzar con éxito turiya. Hay muchas maneras de comenzar este viaje, pero algunas prácticas clave incluyen la autorreflexión, la atención plena y la compasión. Estos tres pilares ayudan a sentar las bases de un modo de vida más consciente que, con el tiempo, conduce a turiya.

Para alcanzar turiya, es crucial tener un estilo de vida dedicado a este objetivo[47]

Este capítulo ofrece un programa semanal para acercarse a turiya. Además de recomendaciones diarias de meditación y secuencias de yoga, se incluyen otros consejos y trucos, como recordatorios para practicar la atención plena, tomar autoconciencia y «convertirse en testigo» de su vida. Siguiendo este programa y poniendo en práctica estos consejos, cualquiera puede empezar a vivir una vida más consciente y plena.

El estilo de vida de turiya

Turiya es un estilo de vida de paz y atención plena. Una pieza clave de este estilo de vida es la devoción por la conciencia interior y el equilibrio en todos los ámbitos de la vida. Turiya le anima a estar siempre presente y a ser consciente del momento, ya sea trabajando, criando a sus hijos o simplemente dedicándose un momento a usted mismo. Este enfoque holístico significa que puede disfrutar de todo, desde la alimentación consciente y las rutinas de ejercicio hasta las aficiones creativas y los compromisos sociales, adoptando una actitud de aceptación, aprecio y relajación. Al ver su vida de esta manera, es más capaz de vivir con alegría, propósito y plenitud mientras saborea cada experiencia tal y como viene. Cuanto más equilibrado esté por dentro, mejor se sentirá por fuera.

Consejos y trucos para alcanzar turiya

Para alcanzar turiya, o el estado de conciencia pura y trascendente, debe salir de su rutina normal y hacer algunos cambios clave en sus hábitos diarios.

Dieta

Uno de los aspectos más básicos es la dieta. Dado que turiya es un estado meditativo en el que se experimenta una paz y armonía profunda y natural, la dieta debe ser rica en nutrientes que promuevan un funcionamiento mental saludable. Esto significa reducir la cafeína y los alimentos ricos en azúcar, que tienen un efecto contraproducente en la claridad de la mente.

Meditación y yoga

Ningún debate sobre turiya está completo si no se menciona la importancia de la meditación y el yoga. Estas dos prácticas van de la mano para alcanzar un nivel de conciencia más profundo. La meditación ayuda a aquietar la mente y a lograr la paz interior, mientras que el yoga ayuda a alinear físicamente el cuerpo y a crear equilibrio en la conexión mente-cuerpo. El objetivo es alcanzar un estado de completa armonía entre ambos.

Atención plena

La atención plena es la clave para alcanzar turiya. Significa estar presente en el momento y ser consciente de los propios pensamientos, emociones y acciones. Al principio puede ser difícil, pero con la práctica se convierte en algo natural. Una forma de ser más consciente es concentrarse en la respiración y utilizarla como ancla para volver al momento presente cada vez que la mente divague.

Compasión

Tener compasión es un ingrediente esencial en la receta de turiya. Esto no significa que tenga que ser complaciente o estar de acuerdo con todo lo que dicen los demás, sino que debe intentar ver las cosas desde la perspectiva de los otros y ser siempre respetuoso. Si cultiva la compasión, podrá encontrar puntos en común con los demás y establecer relaciones sólidas y duraderas.

Conciencia

Prestar atención también es necesario para alcanzar un estado superior de atención plena. Sea consciente de sus pensamientos, emociones y acciones, así como de los pensamientos, emociones y acciones de los demás. Al principio puede ser difícil, pero con la práctica es más fácil... y pronto se convierte en algo natural. Cuanto más consciente sea, más capaz será de encontrar el equilibrio en su vida y vivir con propósito y plenitud.

Convertirse en testigo

Una de las mejores cosas que puede hacer para alcanzar turiya es convertirse en testigo de su propia vida. Esto significa observar sus pensamientos y emociones sin juzgarlos ni apegarse a ellos. Puede parecer fácil, pero en realidad es bastante difícil. La clave es practicar el desapego y centrarse en el momento presente. De este modo, verá las cosas con más claridad y encontrará el equilibrio en su vida.

Aceptación

Es esencial aceptarse a uno mismo y a los demás. Esto significa aceptar sus pensamientos, emociones y acciones, así como los pensamientos, emociones y acciones de los demás. Al principio puede parecer difícil, pero con la práctica será más fácil. Cuanto más se acepte a sí mismo y a los demás, más equilibrado estará en su vida y más cerca estará de turiya.

Practicar la autorreflexión

Una de las mejores formas de conseguir turiya es practicar la autorreflexión. Se trata de tomarse un tiempo cada día para sentarse en silencio y reflexionar sobre la propia vida. ¿Cuáles son sus pensamientos, emociones y acciones? ¿Cómo le hacen sentir? ¿Qué puede hacer para mejorar su vida? Reflexionando sobre estas cosas, podrá ver todo con más claridad y hacer cambios que le llevarán a una vida más equilibrada y satisfactoria.

Visualización

Otra forma estupenda de alcanzar turiya es practicar la visualización. Tómese un tiempo cada día para sentarse en silencio e imaginarse en un estado de completa armonía. Visualice que su mente y su cuerpo están en perfecto equilibrio. Visualícese rodeado de luz y amor. Llénese de energía positiva y deje que fluya hacia el mundo. Visualizando estas cosas, podrá traerlas a su vida y alcanzar un estado de conciencia superior.

Oración

La oración es otra herramienta poderosa para alcanzar turiya. Esto significa tomarse un tiempo cada día para conectar con un poder superior y pedir orientación. Ore para tener fuerza cuando se sienta débil, valor cuando tenga miedo y sabiduría cuando esté tomando decisiones. Orando por estas cosas, las encontrará en su vida y alcanzará un estado de conciencia superior.

Conectar con la naturaleza

Una de las mejores formas de alcanzar turiya es conectar con la naturaleza. Saque tiempo de su apretada agenda diaria para apreciar la belleza del mundo que le rodea. Observe los colores, olores y sonidos de la naturaleza. Sienta el viento en la piel y el sol en la cara. Respire profundo y deje que el aire fresco llene sus pulmones. Al conectar con la naturaleza, encontrará equilibrio en su vida y alcanzará un estado de conciencia superior.

Pasar tiempo con los seres queridos

Pasar tiempo con los seres queridos es otra forma estupenda de lograr turiya. Esto significa dedicar algo de tiempo cada día a apreciar a las personas que forman parte de su vida. Hable con ellos, ríase con ellos y disfrute de su compañía. Hágales saber lo mucho que le importan. Al pasar tiempo con sus seres queridos, encontrará el equilibrio en su vida y alcanzará un estado de conciencia superior.

Ser agradecido

Por último, pero no por ello menos importante, agradezca lo que tiene. Esto no significa que deba conformarse con su situación actual, sino que debe apreciar las cosas buenas de su vida. Siendo agradecido, atraerá más energía positiva a su vida y encontrará el equilibrio y la armonía.

Recomendaciones diarias

El capítulo anterior esbozaba un plan diario para alcanzar turiya. Es esencial tener una rutina diaria que le ayude a mantener el rumbo. Aquí tiene algunas recomendaciones diarias que le ayudarán a empezar:

1. Medite durante al menos diez minutos cada día.
2. Dedique tiempo a hacer cosas que le gusten.
3. Coma alimentos sanos e integrales.
4. Haga ejercicio regularmente.
5. Duerma lo suficiente cada noche.
6. Practique la autorreflexión.
7. Visualícese en un estado de completa armonía.
8. Ore para que le guíen.
9. Conecte con la naturaleza.
10. Agradezca lo que tiene.

Alcanzar Turiya requiere un cambio de estilo de vida dedicado a la atención plena y el autoconocimiento. Puede ser un proceso difícil, pero es esencial. El primer paso es ser consciente de sus pensamientos y emociones. Sea consciente de lo que piensa y siente a lo largo del día. Preste atención a sus reacciones ante las situaciones y las personas. Observe cuándo se siente estresado, ansioso o enfadado. Todo ello indica que su mente no está en paz.

El segundo paso es hacer cambios en su vida para promover la paz y la relajación. Empiece por meditar al menos diez minutos al día. Concéntrese en la respiración y deje que los pensamientos pasen por su mente sin aferrarte a ellos. Dedique tiempo a hacer cosas que le gusten y le hagan sentir bien. Por ejemplo, lea, pase tiempo en la naturaleza o practique yoga.

El tercer paso es hacer cambios en su dieta y estilo de vida. Coma alimentos sanos e integrales que nutran su cuerpo y su mente. Evite la cafeína y el alcohol, que pueden aumentar los niveles de ansiedad y estrés.

Haga ejercicio con regularidad para liberar tensiones y promover la relajación. Duerma lo suficiente cada noche para sentirse descansado y rejuvenecido.

Si sigue estos pasos, estará en buen camino para alcanzar turiya. Recuerde que se trata de un viaje, no de un destino. Vaya paso a paso y tenga paciencia con usted mismo. Sobre todo, disfrute del proceso.

Conclusión

En el hinduismo, *atman* es el concepto del yo, y turiya se refiere al estado más elevado de conciencia. En este estado, el yo individual se une con el yo absoluto. Turiya es una palabra sánscrita que significa «el cuarto» o «lo más elevado». También se conoce como conciencia pura, conciencia absoluta o el yo trascendental. Según la filosofía hindú, hay cuatro estados de conciencia: vigilia, sueño, sueño profundo y turiya. Turiya es el estado de conciencia más elevado, en el que el yo individual se une con el yo absoluto. En este estado, no existen distinciones entre el sujeto y el objeto y todas las dualidades se disuelven.

Muchos caminos conducen a turiya, como el yoga, la meditación y el *pranayama* (control de la respiración). El yoga es un sistema de prácticas físicas y mentales que se originó en la India. La meditación es una práctica que permite a la mente estar quieta y concentrada, y el *pranayama* es una técnica respiratoria que ayuda a controlar la respiración. Los mantras y mudras también son herramientas útiles para llegar a turiya. Los mantras son sonidos sagrados que tienen poder espiritual y los mudras son gestos de las manos que se utilizan a menudo en el yoga y la meditación. Las secuencias de yoga también pueden utilizarse para desbloquear turiya. Estas secuencias están diseñadas para abrir los canales de energía del cuerpo y preparar la mente para la meditación.

Hay muchos pasos diarios que puede dar para acercarse a turiya. El yoga y la meditación regulares son una de las mejores formas de alcanzar este estado. Otras posibilidades son seguir una dieta sana, pasar tiempo en la naturaleza y relacionarse con personas afines. Si sigue estos pasos y se compromete con su práctica espiritual, podrá empezar a experimentar la alegría de la conciencia pura.

Turiya es un estado de dicha pura, paz y unidad. Es el estado de conciencia más elevado que puede experimentar un ser humano. Cuando alcance turiya, sentirá una profunda conexión con todo lo que es. También experimentará una sensación de paz y bienestar que va más allá de las palabras. Esta guía fácil de seguir le ayudará a entender turiya y cómo experimentarlo por usted mismo. Aquí tiene una hoja de ruta paso a paso para ayudarle a comprender este estado esquivo pero tan anhelado y a alcanzarlo para su vida. Tanto si quiere mejorar sus habilidades de meditación como si simplemente busca más paz, claridad y alegría en su día a día, esta guía le muestra cómo encontrar la quietud interior que yace en el corazón de turiya. Con solo un poco de tiempo y esfuerzo, podrá disfrutar usted mismo de todos los beneficios de este estado atemporal.

Ahora que tiene estos conocimientos, debe dar el siguiente paso en su viaje. Recuerde que el camino hacia turiya es único para cada persona. Confíe en su intuición y siga a su corazón. Y lo más importante, ¡disfrute del viaje!

Vea más libros escritos por Mari Silva

Su regalo gratuito

¡Gracias por descargar este libro! Si desea aprender más acerca de varios temas de espiritualidad, entonces únase a la comunidad de Mari Silva y obtenga el MP3 de meditación guiada para despertar su tercer ojo. Este MP3 de meditación guiada está diseñado para abrir y fortalecer el tercer ojo para que pueda experimentar un estado superior de conciencia.

https://livetolearn.lpages.co/mari-silva-third-eye-meditation-mp3-spanish/

¡O escanee el código QR!

Referencias

Fit, C. (2022, February 18). How to do Kriya Yoga: Meaning, type & health benefits of this ancient Yoga - blog.Cult.Fit. Cult.Fit; blog.cult.fit. https://blog.cult.fit/articles/kriya-yoga-learn-how-to-do-this-ancient-yoga-type-its-health-benefits

Kriya Yoga. (2013, February 9). Ananda. https://www.ananda.org/kriya-yoga/

Matson, M. (2020, September 20). What is Kriya Yoga? The Philosophy and Practice. Brett Larkin Yoga. https://www.brettlarkin.com/what-is-kriya-yoga/

Shroff, R. (2021, March 2). How to practice Kriya Yoga: Pranayama and meditation. MyYogaTeacher. https://www.myyogateacher.com/articles/kriya-yoga-pranayama-meditation

Steps to Kriya yoga. (2021, April 22). Ananda Sacramento - Yoga / Meditation / Community; Ananda Sacramento. https://anandasacramento.org/steps-to-kriya-yoga/

7 Chakras in human body, Significance & How to balance them. (2020, June 9). Art of Living (India). https://www.artofliving.org/in-en/meditation/meditation-benefits/seven-chakras-explained

Beaudoin, D. A. (2022, August 9). What is the subtle body? Yogajala. https://yogajala.com/what-is-the-subtle-body/

Bhakti, J. (2020, September 8). Prana, Nadis and chakras. Yoga Signs. https://yogasigns.com/prana-nadis-and-chakras/

Biernacki, L. (2019). Subtle body. In Transformational Embodiment in Asian Religions (pp. 108–127). Routledge.

Burton, N. (2021, December 5). How to unblock chakras: A complete guide to getting clear from root to crown. Goalcast. https://www.goalcast.com/how-to-unblock-chakras/

Everything you've ever wanted to know about the 7 chakras in the body. (2009, October 28). Mindbodygreen. https://www.mindbodygreen.com/articles/7-chakras-for-beginners

Jain, R. (2019, June 13). Complete guide to 7 chakras & their effects. Arhanta Yoga Ashrams. https://www.arhantayoga.org/blog/7-chakras-introduction-energy-centers-effect/

Lindberg, S. (2020, August 24). What are chakras? Meaning, location, and how to unblock them. Healthline. https://www.healthline.com/health/what-are-chakras

Love & Relationships. (n.d.). The complete beginner's guide to the seven chakras. Goodnet. https://www.goodnet.org/articles/what-are-seven-chakras-comprehensive-introduction

Matson, M. (2022, February 21). Awake in the subtle body: Yoga's 9th body. Brett Larkin Yoga. https://www.brettlarkin.com/the-subtle-body/

Muldoon, S. J., & Carrington, H. (2013). The projection of the astral body. Literary Licensing.

Prana. (n.d.). Yogapedia.com. https://www.yogapedia.com/definition/5154/prana

Prana and Chi Kung. (n.d.). Geneseo.edu. https://www.geneseo.edu/yoga/prana-and-chi-kung

Suri, K. (2020, January 22). Kriya Yoga: Spiritual progress through Kundalini awakening —. The Yogi Press. https://www.yogi.press/home/kriya-yoga

Trainer, A. J.-Q. (2022, March 18). The complete guide to the 7 chakras for beginners. Mindvalley Blog. https://blog.mindvalley.com/7-chakras/

Worldwide, A. S. (2018, July 10). Meditation & spiritual questions answered by expert yogis —. Ananda. https://www.ananda.org/ask/kriya-yoga-and-the-chakras/

Zoldan, R. J. (2020, June 22). Your 7 chakras, explained—plus how to tell if they're blocked. Well+Good. https://www.wellandgood.com/what-are-chakras/

Does Samadhi lead to Kundalini awakening? (n.d.). Quora. https://www.quora.com/Does-Samadhi-lead-to-Kundalini-awakening

Is kundalini awakening necessary for samadhi? (n.d.). Os.Me - A Spiritual Home

Seeker, S. (2020, October 9). What happens after Samadhi? Learnkriyayoga.com. https://www.learnkriyayoga.com/what-happens-after-samadhi/

Suri, K. (2020, January 22). Kriya Yoga: Spiritual progress through Kundalini awakening —. The Yogi Press. https://www.yogi.press/home/kriya-yoga

Worldwide, A. S. (2018, August 23). Meditation & spiritual questions answered by expert yogis —. Ananda. https://www.ananda.org/ask/samadhi-kundalini-awakening-and-more/

Ashish. (2019, April 4). What is Dhauti Kriya : 4 Types of Dhauti & Benefits. Fitsri. https://www.fitsri.com/yoga/what-is-dhauti

How To Make the Yamas and Niyamas Work for You in the modern world. (2018, January 15). Art Of Living (United States). https://www.artofliving.org/us-en/yoga/beginners/yamas-niyamas

Newlyn, E. (2015, June 7). The Yamas and Niyamas. Ekhart Yoga. https://www.ekhartyoga.com/articles/philosophy/the-yamas-and-niyamas

Tran, P. (2013, September 19). The yamas & niyamas in yoga. Everydayyoga.com. https://www.everydayyoga.com/blogs/guides/the-yamas-niyamas-in-yoga

Whittingham, R. (2019, November 24). What are the yamas and niyamas? Enjoy Yoga & Wellness.

Yaami, A. (2019, July 11). Vasti Kriya: 3 ways to cleanse intestine completely. Soul Prajna. https://soulprajna.com/vasti-kriya/

Yoga's ethical guide to living: The yamas and niyamas. (n.d.). Kripalu. https://kripalu.org/resources/yoga-s-ethical-guide-living-yamas-and-niyamas

Nunez, K. (2020, May 15). Pranayama benefits for physical and emotional health. Healthline. https://www.healthline.com/health/pranayama-benefits

Pranic energisation technique & jyothir trataka workshop - pradipika institute of yoga & therapy. (2020, July 24). Pradipika Institute of Yoga & Therapy. https://pradipikayoga.in/pranic-energisation-technique-jyothir-trataka-workshop/

SantataGamana. (2018, August 17). Kriya Pranayama. Real Yoga - Kundalini & Kriya Yoga Exposed. https://realyoga.info/2018/08/kriya-pranayama/

Shroff, R. (2021, March 2). How to practice Kriya Yoga: Pranayama and meditation. MyYogaTeacher. https://www.myyogateacher.com/articles/kriya-yoga-pranayama-meditation

YogaPoint. (n.d.). Pranayama. Yogapoint.com. http://www.yogapoint.com/info/pranayama.htm

Carver, L. (2020, October 6). 10 powerful meditation mudras and how to use them. Chopra. https://chopra.com/articles/10-powerful-mudras-and-how-to-use-them

Lowe, F. (2017, October 5). Motivate yourself with these simple mudras and mantras. Beyogi. https://beyogi.com/motivate-yourself-mudras-mantras/

Singh, A. (2021, February 4). Mudras & mantras to balance & awaken your chakras. Calm Sage - Your Guide to Mental and Emotional Wellbeing; Calm Sage. https://www.calmsage.com/mudras-mantras-to-balance-awaken-your-chakras/

Slocum, H. (2020, June 10). Meditating with mantras and mudras in therapeutic yoga —. PYI. https://www.premayogainstitute.com/pyi-blog/meditating-with-mantras-and-mudras-in-therapeutic-yoga

Van Fossen, Y. W. A. [YogawithAllieVanFossen]. (2021, August 4). 3 powerful mantras & mudras | how to stop stressing, overthinking & worrying. Youtube. https://www.youtube.com/watch?v=eVSQUjpGMr4

Acharya, T. (2018, May 14). Kriya Yoga Meditation. Nepal Yoga Home. https://nepalyogahome.com/kriya-yoga-meditation/

Fit, C. (2022, February 18). How to do Kriya Yoga: Meaning, type & health benefits of this ancient Yoga - blog.Cult.Fit. Cult.Fit; blog.cult.fit. https://blog.cult.fit/articles/kriya-yoga-learn-how-to-do-this-ancient-yoga-type-its-health-benefits

Gaiam. (n.d.). Meditation 101: Techniques, benefits, and a beginner's how-to. Gaiam. https://www.gaiam.com/blogs/discover/meditation-101-techniques-benefits-and-a-beginner-s-how-to

Hong-Sau technique of meditation. (2013, February 6). Ananda. https://www.ananda.org/meditation/meditation-support/articles/hong-sau-technique-of-meditation/

Learn Aum meditation technique —. (2013, February 6). Ananda. https://www.ananda.org/meditation/meditation-support/meditation-techniques/aum-technique/

United We Care. (2022, April 5). How to practice Om Mantra Meditation: A step-by-step guide. United We Care | A Super App for Mental Wellness. https://www.unitedwecare.com/how-to-practice-om-mantra-meditation-a-step-by-step-guide/

Asanas & kriyas. (2016, March 27). Shammisyogalaya.com. https://shammisyogalaya.com/yoga-asanas/

Moules, J. (2019, September 9). Practice these 7 Kundalini yoga poses and kriyas to focus your mind and balance your body. YouAlignedTM. https://www.yogiapproved.com/kundalini-poses-yoga/

Saanvi. (2018, March 13). Kriya Yoga Asanas and its Benefits. Styles At Life; Find the Information on Beauty, Fashion, Celebrities, Food, Health, Travel, Parenting, Astrology and more. Our Information is Highly confident and suggested Lifestyle Resources on the Internet. https://stylesatlife.com/articles/kriya-yoga/

United We Care. (2022, February 1). Kriya yoga : Asanas , meditation and effects. United We Care | A Super App for Mental Wellness. https://www.unitedwecare.com/kriya-yoga-asanas-meditation-and-effects/

Yoga poses: Sitting, standing, & recumbent Yoga Asanas for beginners. (2022, July 4). Art Of Living (India). https://www.artofliving.org/in-en/yoga/yoga-poses/sitting-standing-recumbent-yoga-poses

BrettLarkinYoga [BrettLarkinYoga]. (2017, September 20). Easy Kundalini Yoga practice for beginners (30-min) Kriya, poses, breath of fire, & meditation. Youtube. https://www.youtube.com/watch?v=-DO_GgchYPA

Hollister, S. (2018, March 23). Kundalini sequence to awaken the ten bodies. Yoga Journal. https://www.yogajournal.com/yoga-101/types-of-yoga/kundalini/kundalini-sequence-to-awaken-the-10-bodies/

Kaur, A. (2020, July 3). An introduction to Kundalini yoga sequences (Kriya). Serpentine. https://serpentine.yoga/an-introduction-to-kundalini-yoga-sequences/

Moules, J. (2019, September 9). Practice these 7 Kundalini yoga poses and kriyas to focus your mind and balance your body. YouAlignedTM. https://www.yogiapproved.com/kundalini-poses-yoga/

Beginner's guide: Paramhansa Yogananda's Hong-Sau Technique of Meditation. (2021, June 21). Kriya Yoga Home Study - Awaken Your Highest Potential. https://kriyahomestudy.org/technique-of-meditation/

Chakravarti, H. (2019, February 19). Breath and breath awareness. Kriya. https://harshavardhanweb.wordpress.com/2019/02/19/breath-and-breath-awareness/

Fellowship, S. E. L. (2018, May 10). Kriyayoga meditation. Self Enquiry Life Fellowship. https://hansavedas.org/kriyayoga/

Hellicar, L. (2022, September 16). What Is yogic breathing? Benefits, types, and how to try. Medicalnewstoday.com. https://www.medicalnewstoday.com/articles/what-is-yogic-breathing

Marjariasana: Benefits, steps. (2019, June 20). Wakefit | Blog. https://www.wakefit.co/blog/marjariasana-yoga-better-sleep/

Message, M. (n.d.). Pranayama: Samaveta pranayama - lesson 2.6. ASHLEY CRUZ YOGA. http://www.ashleycruzyoga.com/blog/pranayama-samaveta-pranayama-lesson-26

Mill Churning Pose. (2012, July 17). Art Of Living (Global). https://www.artofliving.org/yoga/yoga-poses/mill-churning-pose

Nagendra, P. by. (2016, June 9). crow walking Kawa Chalasana 8 - Learn Self Healing Techniques Online. Selfhealingonline.com. http://selfhealingonline.com/offer-item/crow-walking-kawa-chalasana-8/

Nanda, A. (2020, October 22). Ardha baddha konasana- half-butterfly pose- practice, benefits and contraindications. Moksha Mantra; Aashish Nanda. https://www.mokshamantra.com/ardha-baddha-konasana/

Pathare, S. (2016, June 22). 5 pranayamas that you should make a part of your daily fitness schedule. HealthifyMe. https://www.healthifyme.com/blog/5-pranayamas-make-part-daily-fitness-schedule/

Roderick, B. (2022, September 18). Simha Kriya the lions yawn. Dahn Yoga. https://www.dahnyoga.net/techniques/simha-kriya-the-lions-yawn.html

Russel, K. (2010, December 17). Kriya yoga – pranayama techniques. Yoga in Daily Life. https://pureyoga.wordpress.com/2010/12/17/kriya-yoga-pranayama-techniques/

Saithalyasana (Animal relaxation pose): Benefits, Steps and Precautions. (n.d.). MyUpchar. https://www.myupchar.com/en/yoga/legs/saithalyasana-animal-relaxation-pose-benefits-steps

Sarpasana (Snake Pose)– benefits, adjustment & cautions. (2018, March 6). Yoga India Foundation. https://yogaindiafoundation.com/sarpasana-snake-pose/

Shashankasana : Pose of moon or hare Pose. (2014, May 30). Yoga Ananda | Yoga for Happiness; Yoga Ananda. https://www.yogaananda.net/shashankasana-pose-of-moon-or-hare-pose/

Shroff, R. (2021, March 2). How to practice Kriya Yoga: Pranayama and meditation. MyYogaTeacher. https://www.myyogateacher.com/articles/kriya-yoga-pranayama-meditation

Simkhada, S. (2020, February 14). Methods of pranayama and swaasa Kriya. Himalayan Yoga Academy. https://himalayanyoganepal.com/methods-of-pranayama-and-swaasa-kriya/

Sukhasana - the easy sitting pose. (2014, May 28). Yogic Way of Life. https://www.yogicwayoflife.com/sukhasana-the-easy-sitting-pose/

United We Care. (2022, February 1). Kriya yoga : Asanas , meditation and effects. United We Care | A Super App for Mental Wellness. https://www.unitedwecare.com/kriya-yoga-asanas-meditation-and-effects/

Vyas, M. K. (2018, August 3). Gatyatmak Meru Vakrasana (dynamic spinal twist) yoga for stiff back and spine flexibility. MKV Yoga; Mahendra Kumar Vyas. https://mkvyoga.com/gatyatmak-meru-vakrasana-dynamic-spinal-twist/

Yoga Postures - Hip Rotation. (n.d.). Healthandyoga.com. https://www.healthandyoga.com/html/yoga/asanas/hip_rotation.aspx

Borohhov, D. (2011, 28 de mayo). Significado de turiya. Ananda. https://www.ananda.org/yogapedia/turiya/

Chitrapuri. (2012, 25 de febrero). Shiva y Shakti. Chakras.net. https://www.chakras.net/yoga-principles/*Shiva*-and-*Shakti*

Darecki, Y. (s.f.). Turiya. Com.au. http://yogananda.com.au/g/g_turiya.html

Durand, K. W. (2008). Turiya: Una colección de términos. AuthorHouse.

Hughes, A. (2020, 29 de enero). Shiva y Shakti: Las energías divinas dentro de todos nosotros. Yogapedia.com; Shiva & Shakti: The Divine Energies Within Us All. https://www.yogapedia.com/*Shiva*-and-*Shakti*/2/6052

Purohit, T. (2022, 3 de febrero). *Shiva* y *Shakti* - la unión divina de la conciencia y la energía. TemplePurohit - Your Spiritual Destination | Bhakti, Shraddha Aur Ashirwad.

https://www.templepurohit.com/*Shiva-Shakti*-divine-union-consciousness-energy/

The. (2017, 7 de agosto). Turiya: La cuarta dimensión del ser. The Tribune India. https://www.tribuneindia.com/news/archive/lifestyle/turiya-the-fourth-dimension-of-being-448113

Los editores de la Enciclopedia Británica. (2021). *Samadhi*. En Enciclopedia Británica.

Turiya, el cuarto estado. (s.f.). Sivanandaonline.org. https://www.sivanandaonline.org/?cmd=displaysection&section_id=752

VivekaVani [VivekaVani]. (2021, 25 de marzo). Turiya en Vedanta - *Pravrajika Divyanandaprana*. Youtube. https://www.youtube.com/watch?v=2LIxwolSDJw

Fuentes de imágenes

[1] https://unsplash.com/photos/-8ZESyFapTk
[2] https://pixabay.com/es/illustrations/yoga-chakras-s%c3%admbolo-buda-6513344/
[3] https://pixabay.com/es/illustrations/ra%c3%adz-chakra-energ%c3%ada-chi-espiritual-2533091/
[4] https://pixabay.com/es/illustrations/sacro-chakra-energ%c3%ada-chi-2533094/
[5] https://creazilla.com/nodes/1663672-chakra-mandala-meditation-illustration
[6] https://www.needpix.com/photo/1027035/heart-chakra-energy-chi
[7] https://pixabay.com/es/illustrations/garganta-chakra-chi-energ%c3%ada-2533108/
[8] https://www.needpix.com/photo/1027042/crown-chakra-energy-chi
[9] https://pxhere.com/en/photo/1414673
[10] https://pxhere.com/en/photo/1094338
[11] https://unsplash.com/photos/9aoIPynE26U
[12] https://www.freepik.com/free-photo/young-guy-looking-afar-beside-lake_5654107.htm#query=man%20sitting%20in%20nature%20meditation&position=13&from_view=search&track=ais&uuid=359d688a-a784-4f50-ba63-73f1c69a9004
[13] Mr. Yoga, CC BY-SA 4.0 <https://creativecommons.org/licenses/by-sa/4.0>, vía Wikimedia Commons https://commons.wikimedia.org/wiki/File:Mr-yoga-fish-pose.jpg
[14] https://www.pexels.com/photo/woman-doing-cobra-pose-6787216/
[15] https://unsplash.com/photos/F2qh3yjz6Jk
[16] lululemon athletica, CC BY 2.0 <https://creativecommons.org/licenses/by/2.0>, vía Wikimedia Commons https://commons.wikimedia.org/wiki/File:Ustrasana_-_Camel_Pose.jpg
[17] Kennguru, CC BY 3.0 <https://creativecommons.org/licenses/by/3.0>, vía Wikimedia Commons https://commons.wikimedia.org/wiki/File:Gomukhasana_Yoga-Asana_Nina-Mel.jpg
[18] https://www.pexels.com/photo/graceful-woman-performing-variation-of-setu-bandha-sarvangasana-yoga-pose-5012071/
[19] Matthew Greenfield, CC BY-SA 3.0 <https://creativecommons.org/licenses/by-sa/3.0>, vía

Wikimedia Commons https://commons.wikimedia.org/wiki/File:Uttitha_Trikonasana.jpg

[20] https://www.pexels.com/photo/woman-in-black-tank-top-and-black-pants-sitting-on-concrete-floor-3820312/

[21] https://www.pexels.com/photo/person-holding-an-elephant-figurine-7685576/

[22] https://pixabay.com/es/photos/museo-rietberg-arte-de-asia-Shiva-66868/

[23] https://www.pexels.com/photo/statue-of-Shiva-5935661/

[24] https://pixabay.com/es/photos/buda-tantra-estatura-Shiva-Shakti-4642497/

[25] https://www.pexels.com/photo/silhouette-of-man-at-daytime-1051838/

[26] https://www.pexels.com/photo/fit-woman-doing-tadasana-exercise-6453400/

[27] https://www.pexels.com/photo/a-woman-doing-yoga-in-the-garden-4457998/

[28] https://www.pexels.com/photo/woman-practicing-yoga-3822191/

[29] Joseph RENGER, CC BY-SA 3.0 http://creativecommons.org/licenses/by-sa/3.0/, vía Wikimedia Commons: https://commons.wikimedia.org/wiki/File:Halasana.jpg

[30] Joseph RENGER, CC BY-SA 3.0 http://creativecommons.org/licenses/by-sa/3.0/, vía Wikimedia Commons: https://commons.wikimedia.org/wiki/File:Sarvangasana.jpg

[31] https://www.pexels.com/photo/woman-practicing-yoga-3822650/

[32] https://www.pexels.com/photo/woman-practicing-yoga-3822585/

[33] https://www.pexels.com/photo/anonymous-fit-woman-doing-uttanasana-posture-6453398/

[34] Iveto, CC BY-SA 4.0 https://creativecommons.org/licenses/by-sa/4.0, vía Wikimedia Commons: https://commons.wikimedia.org/wiki/File:Ardha-Matsyendrasana1.JPG

[35] https://www.pexels.com/photo/woman-bow-pose-3822366/

[36] https://www.pexels.com/photo/flexible-woman-performing-camel-pose-on-dock-against-lake-4793286/

[37] https://www.pexels.com/photo/woman-doing-cobra-pose-6787216/

[38] https://www.pexels.com/photo/flexible-tattooed-woman-standing-in-upward-plank-pose-4793284/

[39] https://www.pexels.com/photo/woman-relaxing-in-yoga-mat-3822647/

[40] https://www.pexels.com/photo/woman-in-downward-dog-pose-3822118/

[41] https://www.pexels.com/photo/a-woman-doing-a-crow-pose-6739072/

[42] https://www.pexels.com/photo/woman-doing-warrior-pose-6787161/

[43] https://www.pexels.com/photo/a-woman-doing-nostril-breathing-6648567/

[44] https://www.pexels.com/photo/silhouette-of-man-sitting-on-grass-field-at-daytime-775417/

[45] https://www.pexels.com/photo/a-woman-meditating-4534592/

[46] https://www.pexels.com/photo/low-angle-view-of-woman-relaxing-on-beach-against-blue-sky-317157/

[47] https://www.pexels.com/photo/silhouette-of-person-raising-its-hand-268134/

www.ingramcontent.com/pod-product-compliance
Lightning Source LLC
Chambersburg PA
CBHW051854160426
43209CB00006B/1299